Michael Mettler

Zahme Ratten

Haltung

Pflege

Ernährung

Gesundheit

W0172402

Quick Info

Die Ratte auf einen Blick

Die Ratte im Größenvergleich

Ratten und kleine Kinder können sich un-
beabsichtigt gegenseitig verletzen. Sie
sollten deshalb nicht ohne Aufsicht zu-
sammenbleiben. Ratten, die sich frei in der
Wohnung bewegen, sind ihrer geringen
Größe wegen gefährdet, da sie von herein-
kommenden Erwachsenen leicht übersehen
werden können.

Die Ratte in Stichworten

Wesen: Die Ratte hat ein ausgeprägtes Sozialverhalten. Sie passt sich
leicht an verschiedene Lebensweisen an, ist sehr gesellig und fixiert sich
stark auf »ihren« Menschen.

Pflege: Die Ratte stellt keine extremen Pflgeanforderungen

Bewegung: Ratten sind bewegungsfreudige Tiere, die täglichen Auslauf
im Zimmer brauchen.

Ansprüche: Ratten können ohne Probleme auch in der kleinsten Wohnung
gehalten werden. Sie haben aber ein hohes Kommunikations- und
Beschäftigungsbedürfnis.

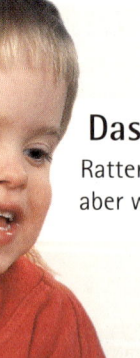

Das Leben mit der Ratte

Ratten sind liebenswerte Hausgenossen, für sehr kleine Kinder sind sie
aber weniger gut geeignet

Das müssen Sie wissen

Die Ratte ist nicht gern allein → Wenn Sie keine zweite Ratte halten können oder wollen, müssen Sie Ihrem Tier viel Zeit widmen

Ratten können auch im Urlaub dabei sein → Informieren Sie sich vorab, ob Sie Ihre Ratte mitbringen dürfen

Die Ratte wiegt nur bis zu 500 g, ist aber durch ihre Zähne nicht wehrlos → Lassen Sie sie deshalb nicht mit Kleinkindern allein

Die Ratte braucht Beschäftigungsmöglichkeiten → Beschäftigen Sie sie durch verschiedene Spiele und viel Zuwendung

Die Ratte braucht Kontakt zu Artgenossen → Halten Sie von Anfang an mindestens zwei Ratten

Die Ratte wird nur etwa 2 Jahre alt → Diese für Menschen kurze Lebenserwartung müssen Sie bei der Entscheidung für eine Ratte berücksichtigen

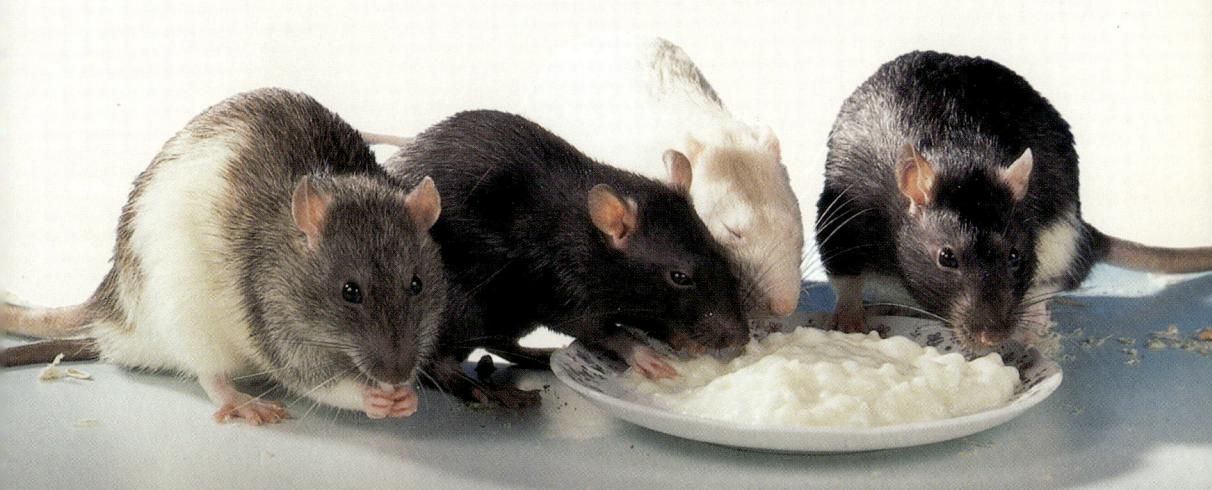

Quick Info

Ratten sind besondere Tiere

Intelligente Ratten

✤ Die **Intelligenz** der Ratten konnte sich entwickeln, da nur die intelligentesten Tiere überlebt und sich vermehrt haben.

✤ Das ausgeprägte **Sozialverhalten** wird durch Einzelhaltung unterdrückt, deshalb sollten Sie mindestens zwei Ratten halten.

Diese Ratte weiß nun, wie es drinnen aussieht.

✤ **Lernfähigkeit:** Ratten lernen sehr schnell. Beschäftigung mit Lernmöglichkeit hebt das Wohlbefinden der Ratte.

✤ **Anpassungsfähigkeit:** Ratten können sich sehr schnell anpassen. Sie sind offen für neue Eindrücke und veränderte Lebensbedingungen – und entsprechend neugierig..

✤ **Vorsicht:** Wenn Sie weibliche und männliche Ratten haben, lassen Sie die Männchen im Alter von 8 Wochen kastrieren. Klären Sie die Narkose mit dem Tierarzt, damit die kleine Ratte keine Probleme bekommt.

Durch Haltung mehrerer Ratten wird das Sozialverhalten gestärkt.

Ratten und ihre Sinne

✷ **Geruchssinn:** Besonders gut entwickelt, der Pfleger wird am Geruch erkannt. Ratten immer erst Geruch aufnehmen lassen.

✷ **Geschmackssinn:** Sehr ausgeprägt, zum Wohlbefinden nur einwandfreies Futter reichen.

✷ **Gehör:** Gut ausgeprägt, Ratten können sich über Ultraschall-Laute verständigen. Unbedingt beachten bei dem Geräuschaufkommen (Musik oder ähnliches) im Rattenzimmer.

✷ **Tastsinn:** Gute Hilfe bei Orientierung, Tast- und Schnurrbarthaare sind besonders sensibel.

✷ **Gleichgewichtssinn:** Es wird vermutet, dass er dazu beiträgt, das Ratten Naturkatastrophen bereits sehr früh spüren.

✷ **Vorsicht:** Die Sinne der Ratten sind sehr sensibel und ausgeprägt. Darum reagieren sie auf Eindrücke von außen besonders empfindlich.

Damit sie nicht verkümmern, müssen Ratten viele Sinnesreize erhalten.

Dank ihrem ausgeprägten Tast- und Gleichgewichtssinn gelangen Ratten über die Taue selbst auf Schiffe.

Quick Info

Wie gehe ich richtig mit meiner Ratte um?

Junge Ratten (0–6 Wochen)

✤ Ratten werden nackt und blind geboren. Es sind Nesthocker.

✤ Die Körperhaare wachsen ab etwa dem 10. Lebenstag, die Augen öffnen sich zwischen dem 13. und 16. Tag.

✤ Junge Ratten erkunden die Umgebung, sobald sie sehen können. Sie werden von der Mutter wieder ins Nest gebracht.

✤ **Fütterung junger Ratten:** Bis zum Alter von vier Wochen werden sie von der Mutter gesäugt. Sie nehmen ihr aber schon

frühzeitig Futterbrocken aus dem Maul und lernen dadurch, was für sie bekömmlich ist.

✤ Junge Ratten lernen von der Mutter, sie sollten nicht zu früh getrennt werden.

✤ **Vorsicht:** Die Entwöhnung junger Ratten nach 4 Wochen und ihre Geschlechtsreife liegen nur ein paar Tage auseinander. Den Zeitpunkt der Trennung also nicht verpassen!

Junge Ratten lernen von der Mutter, wie man sich bei der Nahrungssuche verhält und wie Gefahren vermieden werden können.

Erwachsene Ratten

✦ **Fütterung:** täglich Körner-Mischfutter für Ratten oder Meerschweinchen, zur Abwechslung Papageienfutter, frisches Gemüse, Keimlinge, Katzengras.

✦ **Nagen für die Zähne:** Immer Material zum Nagen (Äste, trockenes Brot) und zum Abschleifen der Zähne.

✦ **Auslauf:** Täglich mindestens 1 Stunde unter Aufsicht, früh oder in den Abendstunden.

✦ **Rattenspielzeug:** Sand (in einer Schale), Papier, Kartons, Äste, Ratten lieben viel Abwechslung, also Spielsachen im Wechsel anbieten.

✦ **Schmusen:** Körperkontakt und Zärtlichkeit gehören zu den Grundbedürfnissen der Ratte. Reichlich Streicheleinheiten sind wichtig für eine gesunde Entwicklung.

✦ **Vorsicht:** Bei der Vermehrung von Ratten: Es können über 10 junge Ratten pro Wurf geboren werden, und die Vermittlung ist schwierig.

Spielen gehört zur Freizeitgestaltung.

Abwechslungsreiches Futter hält Ratten gesund und fit.

Im Porträt:
die zahme Ratte

Wenn wir landläufig von »Ratten« sprechen, handelt es sich zoologisch gesehen um groß geratene Mäuse. Die Haus- und die Wanderratte gehören nämlich zu der Familie der Langschwanzmäuse, ebenso wie zum Beispiel die Hausmaus. Diese beiden Nagetiergruppen sind sehr nah miteinander verwandt.

Als gute Kletterer können Ratten selbst Bäume problemlos erklimmen und sogar kopfabwärts wieder herabklettern.

Eigentlich handelt es sich nur um Größenabstufungen des gleichen Typs, d. h. eine Ratte ist im Prinzip nur eine besonders große Maus. Aber wie verhält sich nun die zahme Ratte zur Haus- oder zur Wanderratte?

Wer glaubt, die Hausratte sei im Gegensatz zur Wanderratte diejenige, die auch als zahmes Haustier gehalten wird, der irrt. Auch die Hausratte ist eine Wild- und keine eine gezüchtete Form. Und wer glaubt, die Wanderratte sei bestimmt nicht die Ratte, die gelegentlich in unseren Kellerräumen zu finden ist, denn das müsste dann ja wohl die Hausratte sein – eben wie der Name schon sagt –, der hat schon wieder Unrecht. Gerade die Wanderratte lebt in erdgebundenen Lebensräumen, durchaus auch in der Nähe von Menschen, wogegen die Hausratte sich am liebsten auf den Dachböden unserer Häuser tummelt.

Ein bisschen Abstammungskunde

Es lohnt also, sich mit den verschiedenen Abstammungen der heimischen Rattenarten zu befassen und dabei dann auch die Wildform unserer gezähmten Ratten kennen zu lernen, die wir als interessante und anhängliche Haustiere halten.

Haus– und Wanderratte

TIPP Um Haus- und
Wanderratte un-
terscheiden zu kön-
nen, vergleichen Sie die
Größe der Augen und Oh-
ren: Die Hausratte hat je-
weils die größeren.

Auch wenn sich Haus- und Wanderratte voneinander zu unterschei-
den scheinen, sind sie doch direkt miteinander verwandt.

Die Hausratte

Die Hausratte (Rattus rattus) stammt ursprünglich aus den Wäldern
Südostasiens, wo sie als Baumbewohner lebte. Da es in den Behau-
sungen der Menschen stets leicht erreichbare Nahrung gab, quartier-
te sie sich gern im Dachgebälk der Hütten ein. Teils durch natürliche
Ausbreitung, teils als blinder Passagier in Frachten besiedelte die
Hausratte im Laufe der Zeit nahezu die ganze Welt.

In Mitteleuropa bewohnt sie gewöhnlich Dachböden – allerdings
ist sie bei uns durch veränderte Hausbauweise und durch Verfolgung
mittlerweile so selten geworden, dass sie in Deutschland sogar schon
unter Schutz gestellt wurde.

*Die Hausratte hat große
Augen und Ohren, einen
schlanken Körper, eine
spitze Schnauze und einen
besonders langen Schwanz.*

Die Wanderratte

Unsere zahmen Ratten in den Zoohandlungen sind Nachfahren der zweiten heimischen Rattenart, der Wanderratte (Rattus norvegicus), die in der Natur ein graubraunes Fell trägt und darum in England »brown rat« heißt. Auch sie stammt aus Asien, war dort jedoch ein Bewohner offener Landschaften, wo sie in selbst gegrabenen Bau- und Gangsystemen wie ein Wildkaninchen lebte. Böschungen mag sie besonders, weshalb sie gern an Ufern siedelt und als hervorragender Schwimmer Nahrung im und am Wasser erbeutet.

Wanderratten bevorzugen auch in menschlicher Nähe »erdgebundene« Wohnorte, nämlich Kellerräume und Kanalisationen; außerdem graben sie ihre Bausysteme gern unter Ställe und Schuppen. Aufgrund ihrer unterschiedlichen Lebensweise können Haus- und Wanderratten im gleichen Haus oder Stall leben, ohne sich zu begegnen. Den Namen bekam die Wanderratte, weil sie angeblich im Mittelalter in großen Wanderzügen nach Europa kam. In Wirklichkeit war sie wie die Hausratte schon vorher zu uns gelangt.

ACHTUNG

Obwohl die Wanderratte der wilde Vorfahr ist, können Sie von ihr kaum auf die Lebensweise der zahmen Ratte rückschließen, da dieser natürliche Eigenschaften weggezüchtet und andere angezüchtet wurden.

Die Wanderratte ist größer und schwerer als die Hausratte, hat kleinere Augen und Ohren, eine kantige Schnauze und einen kürzeren Schwanz.

Vom Wildtier zum Haustier

Wie bei jedem Wildtier kamen auch bei der Wanderratte gelegentlich abweichende Exemplare vor, die z.B. einen geringeren Fluchttrieb oder eine andere Fellfarbe hatten. Bringt eine solche – als Mutation bezeichnete – Veränderung dem Tier Vorteile, etwa eine bessere Tarnung, sammelt es Pluspunkte im Überlebenskampf und kann diese Eigenschaft weitervererben. Die meisten Mutationen sind jedoch für frei lebende Tiere von Nachteil. Eine nicht flüchtende Ratte oder ein Albino werden von Raubtieren eher als andere Artgenossen entdeckt und erbeutet.

TIPP Fragen Sie in Zoo-handlungen auch nach den Eigenschaften eines Tieres und achten Sie nicht nur auf die Fellfarbe.

Der Mensch greift ein

Der Mensch schätzte allerdings einige Eigenschaften solcher Mutationen; unter seiner Pflege konnten die von ihm gewollten Eigenschaften sich ohne Feinddruck weitervererben. Weiße Tiere genießen

Als Kulturfolger suchen wilde Wanderratten die Nähe des Menschen – allerdings seiner Nahrungsmittel wegen!

in vielen Kulturen eine mystische Verehrung als Symbole des Glücks und der Reinheit. So ist es nicht weiter verwunderlich, dass zufällig aufgetretene weiße Ratten eingefangen und gezähmt wurden. Sie bildeten den Ausgangspunkt der Haustierwerdung. Die Züchter bevorzugten dann Tiere, die sich weniger wegen der Farbe als wegen positiver Eigenschaften für die Menschen weitervermehren sollten.

Haustier ohne Namen

Interessant ist, dass die domestizierte Wanderratte bis heute keinen allgemein verwendeten Namen bekommen hat, obwohl sie in etlichen Eigenschaften schon weit von ihrer Stammmutter entfernt ist. Da es sich trotz anderer Überlegungen abzeichnet, dass in der Liebhaberei die Fellfarbe die größte Rolle spielen wird, möchte ich in diesem Buch den Begriff »Farbratte« für die Haustierform verwenden, auch wenn immer wieder kurz »die Ratte« erwähnt wird und damit unser Liebhabertier gemeint ist.

> **WICHTIG**
>
> Alle im Handel befindlichen Ratten stammen – wenn auch über viele Generationen zurück – von Laborratten ab. Sie haben deshalb angezüchtete Eigenschaften und Krankheiten, die sie vorher nicht hatten.

*Der Schwanz macht's:
Sähe die Ratte so aus, gäbe
es wahrscheinlich keine
Rattengegner.*

Ihr neuer Freund zieht ein

Endlich sind alle Vorbereitungen getroffen, die Zustimmung der Familie eingeholt und alle notwendigen Anschaffungen getätigt. Ihr neuer Hausbewohner kann einziehen und wird sich bestimmt bald heimisch fühlen, wenn Sie ihm von Anfang an die besten Bedingungen schaffen.

Bevor Sie mit Ihrem neuen Haustier draußen »spazieren gehen« können, müssen Sie das Tier gut an sich gewöhnt haben.

Tierhaltung funktioniert nicht nach Normen. Ratten sind zwar intelligenter als viele andere Tiere, doch gibt es auch unter ihnen Genies und Dummköpfe sowie die unterschiedlichsten Temperamente. Manche sind von Natur aus zahm, andere bleiben selbst bei bester Pflege scheu. Der ideale Rattenhalter ist bereit, auf die verschiedenen Charaktere seiner Tiere einzugehen, und zwar von Anfang an. Auf diese Weise bleiben Sie auch selbst am besten von Enttäuschungen verschont, wenn sich die Ratte anders verhält, als Sie es bei anderen Ratten eventuell einmal gesehen haben.

Gute Startbedingungen

Auf den folgenden Seiten finden Sie hilfreiche Hinweise und Informationen, die Ihnen die Eingewöhnung Ihrer Ratte erleichtern werden. Anstrengungen, die Sie jetzt unternehmen, werden sich auf lange Sicht mehrfach wieder auszahlen und Ihnen einen zutraulichen Hausgenossen bescheren.

Bedenken Sie bei der Anschaffung Ihres Tieres aber Folgendes: Auch wenn sich einzeln gehaltene Ratten eng dem Menschen anschließen: Den ständigen Kontakt zu einem Artgenossen kann auch der beste Pfleger nicht vollwertig ersetzen.

Die Eingewöhnung

Normalerweise soll man ein neu erworbenes Haustier in den ersten Tagen in Ruhe lassen, damit es sich eingewöhnen kann. Da aber bei Ratten das angestrebte Verhältnis des Tieres zum Menschen auf einer höheren Ebene als etwa beim Goldhamster liegt, sollte man sich gerade in den ersten Tagen besonders intensiv um die neue Ratte kümmern, ähnlich wie bei einem Hund. Auch die Ratte soll ja nicht nur einfach streichelzahm werden, sondern zu ihrem Pfleger eine Art Kumpelbeziehung entwickeln.

TIPP Wenn Ihre Ratte immer unruhiger und fordernder wird, kann es sein, dass die Ratte Sie gründlich missversteht. Vermeiden Sie es in diesem Fall, Ihre Ratte aus der Hand zu füttern.

Zähmung nicht über das Futter

Bei der Ratte führt die Zähmung über das Futter in eine falsche Richtung. Ratten schenken sich untereinander kein Futter, im Gegenteil, es herrscht Futterneid. Ihre Hand wird von der Ratte als »Mit-Ratte« betrachtet, der man mit Leichtigkeit Futter entreißen kann. Ihre Ratte sieht in Ihnen also einen Schwächling und mehr den Futterautomaten als die Kontaktperson.

Soziale Beziehung schaffen

Mit der folgenden Methode können Sie den Keim legen für eine echte freundschaftliche Beziehung zu Ihrer Ratte. Nutzen Sie dazu gleich die ersten Stunden im neuen Heim. Sie brauchen einen Stuhl, eine ruhige Umgebung und etwa eine Stunde Zeit. Bevor die neue Ratte ihren zukünftigen Käfig kennen lernt, setzen Sie sie direkt aus dem Transportbehälter heraus auf Ihren Schoß und bleiben mit ihr auf dem frei im Raum stehenden Stuhl ruhig sitzen. Ziehen Sie dazu unempfindliche Kleidung an, der ein paar Tropfen Rattenurin nichts ausmachen. Sprechen Sie in ruhigem Ton zu der Ratte. Wenn die Ratte versucht, an den Hosenbeinen hinabzuklettern, schieben Sie sie mit ruhigen Handbewegungen zurück.

Streicheln und Kraulen sind in dieser ersten Stunde fehl am Platze, auch wenn Ihnen die Zurückhaltung schwer fällt! Alle Familiemitglieder sollten für die Neuankömmlinge vorerst »passive Umgebung« darstellen, aktiver Kontakt ergibt sich in den nächsten Tagen von selbst.

Die Wesensarten werden erkennbar

Schon innerhalb der ersten Stunde kann man die unterschiedlichen Wesensarten verschiedener Ratten erkennen. Es kann passieren, dass von drei jungen Ratten auf dem Schoß die eine ständig zu entkommen versucht, die zweite sich unter der hohlen Hand einrollt und einschläft und die dritte beginnt, voller Neugier Ihren Körper zu untersuchen. Typ 1 wird möglicherweise immer sitzen bleiben; Typ 2 wird sich mit ziemlicher Sicherheit zu einem ruhigen, leicht zu handhabenden und anschmiegsamen Hausgenossen entwickeln und Typ 3 mit seiner Neugier und Unternehmungslust hat die idealen Voraussetzungen, um sich für Spiele und Dressuren zu begeistern.

Innerhalb dieser wichtigen ersten Stunde lernen die Ratten grundlegende Dinge: dass von Ihnen keine Gefahr ausgeht, sondern Sie im Gegenteil Schutz, Körperwärme und Kontakt bieten. Dies ist für die Ratten, nachdem sie aus ihrer gewohnten Umgebung herausgerissen wurden, wichtiger als jeder Leckerbissen! Die Ratten lernen Ihren Geruch kennen und verbinden ihn fortan mit Vertrautem.

> ### WICHTIG
>
> Ratten orientieren sich meist dorthin, wo keine Gefahr droht. Sobald sich also die erste Ratte unter Ihrer hohlen Hand niedergelassen hat, folgen ihr die anderen in der Regel.

Der klassische Platz einer zahmen Ratte ist die Schulter ihres menschlichen Kumpans.

Die Ratte und ihr Mensch

Auf der Grundlage der umseitig beschriebenen Eingewöhnungsmethode können Sie Ihre Ratten in kürzester Zeit handzahm machen. Ihre Tiere kommen dann sofort zu Ihnen zurück, wenn Sie ihnen Ihre Hand oder die Schulter hinhalten. Sie sind dann für sie eine Mischung aus »Herrchen« und »Zuhause«, zu der sie gern kommen. In der ersten Zeit sollten Sie den Ratten das Futter in den Käfig legen, damit sie Sie nicht als Futterspender, sondern als Bezugsperson kennen lernen. Ist die persönliche Bindung erst einmal gewachsen, können Sie Futter hier und da auch aus der Hand geben. Für die Dressur von Ratten sind kleine Leckerbissen aus der Hand allerdings unverzichtbar. Sind Sie kitzlig, dann sollten Sie eng anliegende Kleidungsstücke anziehen. Auf der Suche nach einem Versteck kriechen die Tiere gern unter Pullover und in Ärmel und die Versuche, sie daraus wieder zu entfernen, verängstigen die kleinen Nager nur noch mehr. Sind Sie Ihrer Ratte richtig vertraut, können Sie sie auf der Schulter, in der Jackentasche

Selbst beim Füttern können Sie das Bedürfnis Ihrer Ratte nach Körperkontakt befriedigen.

oder auf der Hand umhertragen. Der Gipfel des Vertrauens ist erreicht, wenn Ihre Ratte »Fellpflege« bei Ihnen betreibt, also etwa Ihren Handrücken sanft beknabbert und beleckt. Das ist bei Ratten ein echter Freundschaftsbeweis ohne materielle Hintergedanken.

Legen Sie Wert darauf, dass die Ratten ihre Namen kennen, dann sprechen Sie sie in der Eingewöhnungsphase damit an; sie verbinden dann den Klang ihres Namens mit angenehmen Erfahrungen. Aber: Nicht jede Ratte lernt es, auf ihren Namen zu hören!

Auch Kinder können Ratten halten

Grundsätzlich sind Ausgeglichenheit, Interesse und Einfühlungsvermögen die wichtigsten Eigenschaften des idealen Rattenhalters – und diese sind nicht an ein bestimmtes Alter gebunden. Daher kann man auch nicht festlegen, ab wann Kinder verständig genug sind, eine Ratte in Obhut zu nehmen. Ein eher introvertiertes, aber interessiertes und geduldiges Kind kann unter Umständen schon im Grundschulalter ein besserer Rattenhalter sein, als es ein aufgedrehter Zwölfjähriger bei aller Begeisterung je werden dürfte.

Ratten brauchen Körperkontakt

Ratten sind sehr soziale Tiere. Gesellschaft allein reicht ihnen nicht, sie wollen ständige Kontaktbereitschaft und gegenseitige Körperpflege durch Beknabbern und Belecken. Bis auf das Belecken, auf das Sie lieber verzichten sollten, können Sie diese Ansprüche bei einer einzelnen Ratte nur befriedigen, wenn Sie sie ständig bei sich haben. Der Punk, der seine Ratte den ganzen Tag lang auf der Schulter mit sich herumträgt, ist in diesem Fall der bessere Rattenhalter als derjenige, der seine Ratte im Käfig hält und nur gelegentlich ein paar Streicheleinheiten verteilt. Hier kann man die Ratte durchaus mit dem Hund vergleichen: Beide werden nicht gern allein gelassen

Die einfachste Lösung, um Ihrem Tier den gewünschten Körperkontakt zu geben, ist die Haltung von mehreren Ratten. Dies macht für Sie als Halter kaum mehr Arbeit, verlangt allerdings einen entsprechend größeren Käfig. Da Ratten auch nicht weniger zahm werden, wenn man sie zu zweit oder zu mehreren hält, spricht alles dafür.

TIPP Das bei den Ratten beliebte Beknabbern können Sie durch Kraulen mit der Fingerspitze imitieren.

ACHTUNG

Es ist immer größte Vorsicht geboten, wenn die Möglichkeit des direkten Kontakts zwischen einer Ratte und anderen Haustieren besteht (auch durch ein Käfiggitter hindurch), denn es kann zu Beißereien kommen.

Die Ratte und andere Haustiere

Ratten haben ein gespaltenes Verhältnis zu anderen Tieren. Als Gelegenheitsfleischfresser töten sie eventuell andere Kleintiere, wenn sie ihrer habhaft werden können (selbst Aquarienfische!), sie können sich aber auch mit anderen Nagern anfreunden. So lebten zwei meiner Ratten friedlich mit einem Goldhamster zusammen. Die Neugier und Anhänglichkeit selbst der friedlichsten Ratte kann allerdings auf ein Meerschweinchen schon aufdringlich wirken. Daher auch das entgegengesetzte Beispiel: Eine andere Ratte leckte einen Goldhamster so ausgiebig freundschaftlich ab, dass dieser verärgert reagierte und sich eine Beißerei anbahnte. Natürlich habe ich die beiden schleunigst getrennt.

Gerade bei der Ratte gibt es so unterschiedliche »Persönlichkeiten«, dass ihre Reaktion auf artfremde Tiere vorher nicht einzuschätzen ist. Hier steht sie auf einer Stufe mit Hund und Katze, die auf Kleintiere – und dazu gehören Farbratten ja auch – ebenfalls unterschiedlich reagieren.

Ob sich Ihr Hund ebenso gut mit Ihrer Ratte vertragen wird, ist nicht voraussehbar – aber gut möglich!

Der rattensichere Raum

Auch wenn Sie einen Raum »rattensicher« gemacht haben, lassen Sie die Ratten nicht unbeaufsichtigt! Als findige Tiere entdecken sie ständig neue Gefahrenquellen, an die man nicht sofort denkt. Bewegen Sie sich vorsichtig im Raum, um nicht auf eine Ratte zu treten. Bevor Sie sich hinsetzen, kontrollieren Sie die Sitzfläche, und achten Sie darauf, die Ratte beim Öffnen und Schließen der Tür nicht zu verletzen.

TIPP Merke: Wo ein Rattenkopf hindurchpasst, passt der Körper auch durch! Bei defekten alten Holzböden und in nicht unterkellerten Häusern kann die Ratte leicht entlaufen.

CHECKLISTE DER VORSICHTSMASSNAHMEN

- Verbergen Sie freiliegende Kabel; verschließen Sie Steckdosen mit einer Kindersicherung.
- Entfernen Sie giftige Zimmerpflanzen.
- Entfernen Sie hohe, glattwandige Gefäße, aus denen eine hineingefallene Ratte nicht mehr hinausklettern kann.
- Verschließen Sie alle Spalten (z. B. hinter Möbeln) und mögliche Schlupflöcher.
- Schließen Sie Türen und Fenster.
- Schließen Sie alle Schubladen und Schranktüren, damit sich Ratten nicht verstecken und dann versehentlich eingeschlossen werden.
- Entfernen Sie konkurrierende andere Haustiere, die Ratten jagen könnten, und bringen Sie kleinere Tiere vor den Ratten in Sicherheit.

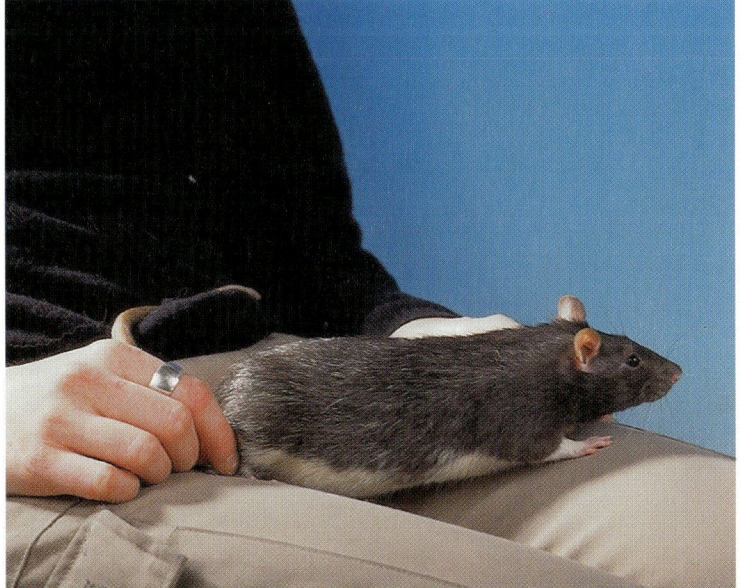

Auch von Ihrem Schoß kann die Ratte schnell entwischen. Sie sollte dann in dem Raum keiner Gefahr ausgesetzt sein.

Die artgerechte Haltung und Unterbringung

Grundvoraussetzung für zufriedenstellende Lebensumstände Ihres neuen Haustiers ist die richtige Größe des Käfigs, denn die Ratte braucht eine Behausung, die ihr genügend Bewegung und Abwechslung bietet. Sparen Sie hier nicht am falschen Ende, vor allem, wenn Sie Ihre Ratte stundenweise allein lassen müssen.

Große Vogelkäfige können bis zu einem gewissen Grad zu einer guten Rattenunterkunft umgestaltet werden.

Die meisten im Handel erhältlichen Käfige sind zu klein für die Tierarten, für die sie gedacht sind. Bedenken Sie auch, dass Ihre Ratte noch wächst und ein sehr bewegungsfreudiges Tier ist, für deren Beschäftigung allein einiges Käfigmobiliar nötig ist, das im Käfig Platz finden muss. Spezielle Käfige für Ratten sind meist nur auf Bestellung zu bekommen und auch oft noch zu klein. Auf den nächsten Seiten werden Ihnen darum zweckmäßige und artgerechte Alternativen vorgestellt – bis hin zum selbst gebauten Käfig.

Standort und Einrichtung

Bei der Auswahl des Standorts für Ihren Rattenkäfig müssen Sie an Vieles denken: Licht- und Temperaturverhältnisse spielen ebenso eine Rolle wie Ihre eigenen Ruhebedürfnisse bei Nacht, wenn die Ratten gerade mächtig aktiv sind. Die Käfigeinrichtung muss vielseitige Aktivitäten ermöglichen und sollte darum mit Bedacht ausgewählt werden.

Außerdem erfahren Sie in diesem Kapitel, unter welchen Bedingungen Sie Ihrer Ratte auch außerhalb des Käfigs spannende Entdeckungsreisen ermöglichen können und wie Sie die Wohnung der Ratte am besten sauber halten.

Der richtige Käfig

Die Größe spielt bei der Auswahl des richtigen Käfigs die wichtigste Rolle. Und da ich gegen die Käfighaltung von Einzelratten bin, gelten meine Größenvorgaben gleich für ein Ratten-Duo: Die Grundfläche eines Gitterkäfigs sollte 70 x 45 cm nicht unterschreiten; auch wenn eine zweite Ebene eingebaut wird. Für die Höhe sind bei eingeschossiger Nutzung 30 cm, bei Doppelstöckern 60 cm das Minimum, damit sich die Ratten auf jeder Etage ganz aufrichten können.

Hamster-, Vogelkäfig oder Aquarium?

Die Mindestgröße schließt die meisten Hamsterkäfige aus, auch weil viele unpraktisch kleine Käfigtüren haben. Besser sind Kaninchen- oder Meerschweinkäfige geeignet, mit überwiegend guter Größe und bedienungsfreundlichen Türen oder Dachklappen. Ihre Höhe erlaubt außerdem häufig den Einbau einer zweiten Ebene. Für junge Ratten ist allerdings der Gitterabstand oft zu groß.

Mit Abstrichen brauchbar sind größere Vogelkäfige. Papageienkäfige haben aber oft zu weite Gitterabstände. Ebenfalls nachteilig sind die flachen, herausziehbaren Käfigschubladen, die sich für eine dicke Schicht Kleintierstreu nicht eignen. Zudem läuft der Rattenurin in den schmalen Spalt zwischen Schublade und Bodenschale.

Aquarien oder Terrarien sind schwer und schlechter belüftet als Käfige. Die glatten Glaswänden bieten keine Klettermöglichkeit, deshalb brauchen sie Klettergeräte.

> **WICHTIG**
>
> Ein Aquarium sollte die anderthalbfache Mindestgröße eines Gitterkäfigs haben: also ungefähr 100 x 50 cm, damit Platz für die Klettergeräte vorhanden ist, die ja nicht in einer zweiten Ebene aufgestellt werden können.

Starke Äste und Wurzeln dienen nicht nur zum Klettern, sondern auch als Sichtblenden, falls sich zwei Ratten mal »nicht grün sind«.

Ideal: der Chinchillakäfig

Eine aus eigener Erfahrung ideale Lösung stellen Chinchillakäfige dar. Das von mir verwendete Modell hat eine Grundfläche von 70 x 45 cm, die ich als Richtwert angeführt habe, und eine Höhe von 76 cm. Die Bodenwanne ist 15 cm hoch, was ein Hinausscharren von Einstreu weitgehend verhindert. Eine große Tür an der Frontseite erlaubt bequemes Hantieren im Käfig, ohne dass man jedes Mal das Gitteroberteil abnehmen muss. Die Käfighöhe gestattet es, eine vollflächige oder zwei teilflächige Etagen einzuziehen.

Die zum Käfig gehörenden Sitzbretter, die Sandbadewanne und das Häuschen sind allerdings für Ratten weniger brauchbar. Bretter und Häuschen sind aus rohem Weichholz, das sich schnell mit Rattenurin vollsaugen würde. Zudem sind die Sitzbretter eher kleine Podeste, zum Daraufherumlaufen zu klein. Hier nehmen Sie besser größere Platten aus kunststoffbeschichteten Spanplatten.

Meine Ratten turnen wie die Affen durch ihren Chinchillakäfig und es macht Spaß, sie dabei zu beobachten!

TIPP Chinchillakäfige sind teuer (etwa 250 DM). Es lohnt aber der Preisvergleich, der bis zu 100 DM ausmachen kann. Auf Bestellung bieten einige Tierhandlungen auch spezielle Rattenkäfige an. Fragen Sie danach!

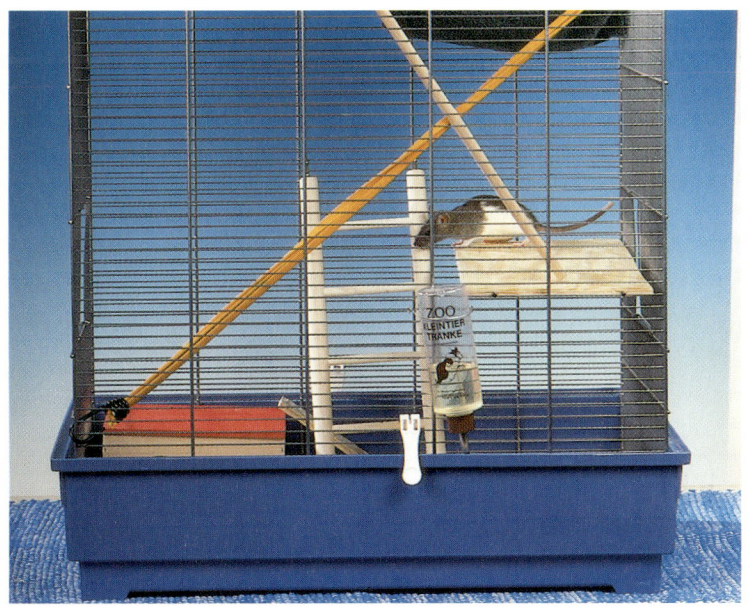

Ein wahres Rattenparadies kann ein umfunktionierter Chinchillakäfig werden, der in Größe und Ausstattung optimal ist.

Der selbst gebaute Käfig

Handwerklich begabte Rattenliebhaber können ihre Rattenburg auch selbst entwerfen und bauen; unter Einhaltung der Mindestmaße sind dabei der Fantasie kaum Grenzen gesetzt.

Eine einfache Kiste aus Spanplatten

Als Grundmaterial eignet sich gut kunststoffbeschichtete Spanplatte. Farbratten nagen im Gegensatz zu ihren wilden Stammeltern kaum; sollten sie es doch versuchen, finden ihre Zähne an dem glatten Material keinen Angriffspunkt, vorausgesetzt, bei Bau wurde millimetergenau gearbeitet.
Im Prinzip reicht es, sozusagen eine nach vorn offene Kiste anzufertigen, die ein 15 cm hohes Vorsatzbrett gegen herausfallende Einstreu erhält und deren Front mit einer großen Tür geschlossen werden kann, welche aus einem Holzrahmen mit Gitterbespannung besteht.

> **TIPP** Sichern Sie die Käfigtür zusätzlich mit einem Karabinerhaken. Pfiffige Ratten können nämlich lernen, die Käfigtür zu öffnen.

Ein Kleiderschrank als Rattenkäfig

Wer es sich bei aller Bastelneigung einfacher machen will, kann auch einen vorhandenen Schrank aus entsprechendem Material, also etwa einen alten Küchenschrank, wie Sie ihn vielleicht sogar auf dem Sperrmüll oder auf dem Flohmarkt finden, rattengerecht umbauen. Achten Sie aber darauf, dass die Rückwand, die zumeist nur aus einer dünnen Hartfaserplatte besteht, gegen eine Spanplatte ausgetauscht wird. Für Bodenträger vorhandene Bohrungen, die nicht genutzt werden, müssen ebenso wie alle Fugen mit Silikon vor der eindringenden Feuchtigkeit geschützt werden.

Viel genutzter Raum in der Höhe

Welche Überraschungen (positiver Art) man mit einem solchen Eigenumbau erleben kann, zeigten drei weibliche Ratten. Sie wurden vorübergehend in einen solchen Schrankkäfig gesetzt, der eigentlich für die Haltung von Streifenhörnchen umgestaltet war und bei einer Grundfläche von 80 x 50 cm eine Höhe von 180 (!) cm hatte (vorher war es ein Kleiderschrank). Ohne lange zu fackeln, kletterten die beiden Agileren an der Gitterfront und den Kletterästen bis unter die Decke empor. Selbst die grobe Textiltapete, mit der – als Kletterhilfe für die Hörnchen – der Käfig ausgekleidet war, entdeckten sie für sich. Da die Tiere solche Begeisterung für den Käfig zeigten, durften sie endgültig darin bleiben. Die Schwerfälligste der drei blieb zwar fast ausschließlich am Boden, doch die beiden anderen führten fortan eine Art Tarzanleben und kamen fast nur noch zum Fressen und Schlafen auf den Boden. Eine schlief sogar auf den Kletterzweigen! Lediglich die beiden in verschiedener Höhe angebrachten Hörnchen-Schlafkästen mussten kurze Zeit später entfernt werden, da sie als Toiletten zweckentfremdet wurden und sich schnell mit Urin vollsogen. Nie ist eine Ratte in diesem Käfig abgestürzt, nicht einmal die schwerfälligste von den dreien bei ihren seltenen und unbeholfenen Kletterversuchen!

Dieses Beispiel soll allen Rattenhaltern Mut machen, auch unkonventionelle Käfiglösungen auszuprobieren, solange sich ihre Ratten augenscheinlich wohl damit fühlen

> **WICHTIG**
>
> Gegen das Eindringen von Urin müssen alle Fugen mit Silikon abgedichtet werden, alle Schnittkanten sollten aus dem gleichen Grund mit Umleimer (der einfach aufgebügelt wird) versehen werden.

Die Mühe, einen rattengerechten Käfig selbst zu bauen, wird durch lebhafte Tiere belohnt, die ihre Umgebung freudig annehmen.

Der günstigste Standort

TIPP Bei hohen Som-
mertemperaturen
kühlen sich Ratten
gern den Bauch an einer in
den Käfig gelegten, vorher
kühl gelagerten Fliese oder
Steinplatte.

Ratten ziehen einen ruhigen Raum vor, da sie lärmempfindlich sind; außerdem mögen sie es nicht sehr, wenn vor ihrem Käfig ständig hin- und hergelaufen wird. Die Küche eignet sich prinzipiell wegen der Kochdünste und des Geräuschpegels etwa beim Abwaschen nicht.

Im Schlafzimmer wären es die Aktivitäten der Ratten in der Nacht, die bei Ihnen auf wenig Gegenliebe stoßen würden.

Eine ruhige Ecke im Wohnzimmer ist ideal; und möchten Sie doch einmal laut Musik hören, dann stellen Sie den Rattenkäfig bitte unbedingt solange in ein ruhiges Zimmer.

Ausgewogenheit von Licht und Schatten

**WO KÄFIGE
NICHT STEHEN
SOLLTEN**

🐾 in der Küche
🐾 im Schlafzimmer
🐾 in praller Sonne
🐾 in Zugluft
🐾 zu laut
🐾 zu heiß
🐾 zu kalt
🐾 zu ungeschützt

Grelles Licht ist Ratten unangenehm. Bei zu dunkler Haltung kann es zu gesundheitlichen Problemen kommen (z. B. Fellschäden und Lähmungserscheinungen). Der Rattenkäfig darf nicht in Zugluft stehen,

An diesem Standort werden Ihre Tiere nicht zufrieden sein: zu wenig Licht, zu ungeschützt ist es hier.

da das zu üblen Erkältungen führen kann. Testen Sie den Standort daraufhin mit einer Kerze. Flackert sie, müssen Sie eine andere Ecke suchen.

Günstig ist ein Standort, bei dem die Ratten für ein Stündchen Morgensonne bekommen, ohne dass es zu warm wird. Sie müssen stets die Möglichkeit haben, Schatten aufzusuchen.

Mindestens eine Seite des Käfigs, aber besser zwei oder drei, sollten durch Wände, Möbelstücke o. Ä. abgeschirmt sein, da sich die Ratten sonst wie auf dem Präsentierteller und damit unwohl fühlen.

Abstand zur Umgebung halten

Achtung: Ratten benutzen ihre Hände zum Tasten und Greifen und sind in der Lage, Gardinen oder Kabel an den Käfig heranzuziehen und zu benagen! Halten Sie rundherum also mindestens 10 cm Abstand ein! Zwei Ratten schafften es, einen durch Wind an den Käfig gewehten Vorhang perfekt in Käfighöhe abzunagen – ein teurer Spaß, nötig war ein neues Paar Vorhänge!

> **ACHTUNG**
>
> Ratten lieben mäßige Temperaturen; in sehr warmen Sommern sollten sie möglichst so untergebracht sein, dass die Temperatur 22-24 °C nicht überschreitet. Im Winter wiederum mögen sie nicht in einem kalten Raum frieren.

Den Standort für Ihren Rattenkäfig sollten Sie mit Bedacht wählen und eventuell mehrere Möglichkeiten ausprobieren.

Die Käfigeinrichtung

Wenn Ihr Rattenkäfig hoch genug ist, sollten Sie eine zusätzliche Etage aus beschichteter Spanplatte einbauen (bei höheren Käfigen können es auch mehrere sein). Die Etagenhöhe sollte mindestens 30 cm betragen. Eine solche Etage kann die volle Käfighöhe einnehmen und lediglich ein bis zwei Löcher als »Treppenhaus« mit einer Leiter darunter enthalten. Sie kann aber auch z.B. nur die halbe Käfigfläche ausmachen, wobei die Ratten das Käfiggitter als Leiter benutzen.

Bei der letzten Version kommt man durch eine Käfigtür in alle Ecken heran, während sonst pro Etage eine Tür notwendig ist – diese Bauart haben gekaufte Käfige selten, weshalb die Vorteile des Eigenbaus klar auf der Hand liegen. Die Schnittkanten der Holzplatten müssen gegen eindringende Feuchtigkeit mit Umleimer oder einer tadellos sitzenden Aluminiumschiene (mit Silikon abdichten!) geschützt werden. Angebracht werden die Platten mit Winkelhaken oder mit Flügelschrauben und Unterlegscheiben. Es ist von Vorteil, wenn man die Platten mit wenigen Handgriffen herausnehmen kann, z. B. zur regelmäßig nötigen Generalreinigung.

> **ACHTUNG**
>
> Verwenden Sie keine Etage aus Gitter, wie man sie leider oft in Hamsterkäfigen sieht. Für die Ratten – für die Hamster übrigens auch – ist es unnatürlich und ungesund, auf dem dünnen Gitter zu laufen.

Schlafhäuschen

Ratten lieben ein Schlafhäuschen, da sie sich gern zurückziehen, um ihre Ruhe zu haben. Steht der Käfig in einem eher ruhigen Raum, schlafen die Ratten allerdings gern im Freien, wo sie sich lang ausstrecken können, und verzichten unter Umständen sogar freiwillig auf einen Nestkasten, sogar bei der Aufzucht der Jungen. Da sich dies jedoch erst im Laufe der Zeit herausstellt, sollten Sie sich für den Anfang ein Schlafhäuschen anschaffen. Gern werden die Plastikhäuschen für Goldhamster als für Ratten geeignet empfohlen; warum, weiß ich beim besten Willen nicht, sind sie doch selbst für ausgewachsene Goldhamster schon zu klein und für die noch größeren Ratten erst recht! Bedenken Sie, dass in das Schlafhäuschen auch noch Nistmaterial hineinpassen muss und seine Bewohner Luft zum Atmen benötigen. Wählen Sie daher ein Kaninchen- oder Meerschweinchenhäuschen – am besten aus Kunststoff, da sich Holz schnell mit Urin vollsaugt.

Futternapf und Tränkflasche

Der Futternapf für das Körnerfutter muss so groß sein, dass beide Ratten gleichzeitig daraus fressen können, auch wenn eine von ihnen dabei im Napf sitzt statt davor. Stellen Sie den Napf immer auf den Boden des Käfigs. Auf dem glatten Boden der Etage(n) kann er leicht verschoben oder gar hinuntergeworfen werden, was nicht nur Lärm verursacht, sondern auch die zweite Ratte gefährdet.

Ein zweiter Futternapf für Grünfutter ist nicht notwendig, da die Ratten dieses ohnehin in der Regel wegschleppen und in einem Winkel des Käfigs verspeisen.

Als Trinkgefäß ist ein Napf denkbar ungeeignet, denn die Ratten scharren ihn schnell mit Einstreu voll oder laufen durch ihn hindurch, wodurch das Substrat feucht wird. Verwenden Sie eine Tränkflasche für Meerschweinchen oder Kaninchen, die von außen ans Käfiggitter gehängt wird. Sie sollte einen Verschluss aus festem Kunststoff haben. Bei einem Gummistopfen nimmt das Wasser einen starken und unangenehmen Gummigeschmack an.

> **TIPP** Stellen Sie den Futternapf immer so auf, dass die Ratten ringsherum laufen können, also nicht an eine Seitenwand oder gar in die Käfigecke. Dort wird er nämlich eher als Toilette benutzt!

Der Futternapf sollte etwa 17 cm Durchmesser haben, aus glasiertem Steingut bestehen und relativ schwer sein.

Das Käfigzubehör

Damit sich die Ratte in ihrem Käfig wirklich wohl fühlt, braucht sie eine artgerechte Ausstattung, die ihr – wenn auch in beschränktem Maße – die Beschäftigungen ermöglicht, die sie auch in der Freiheit liebt. Wenn Sie Ihre Ratte trotz aller Bedenken einzeln halten, brauchen Sie mehr Spielzeug, als wenn sie Gefährten hätte.

Einstru

Als Einstreu hat sich handelsübliche Kleintierstreu aus Hobelspänen am besten bewährt, da sie den Urin gut aufsaugt, eine weiche Unterlage bietet und zum Scharren anregt. Sägemehl ist ungeeignet, da es sehr staubt und in angefeuchtetem Zustand im Fell hängen bleibt. Stroh und Strohgranulat sind die besseren Alternativen. Die Haltung auf Zeitungspapier, das täglich gewechselt wird, ist zwar möglich, beraubt die Ratten aber einer weichen Unterlage und der Möglichkeit zum Wühlen.

ACHTUNG

Verwenden Sie keine Hamsterwatte als Nistmaterial, da sie sich in feinen Schlingen um die Zehen wickeln und diese abschnüren kann!

CHECKLISTE PFLEGEARBEITEN

täglich
- ✱ frisches Trinkwasser und Grünfutter geben
- ✱ alte Grünfutterreste entfernen

zweimal wöchentlich
- ✱ Käfigstreu erneuern
- ✱ Nistmaterial erneuern (nicht bei Weibchen mit Nestjungen)
- ✱ Klettergeräte und »Etagenböden« mit Lappen und warmem Wasser von Kot- und Urinresten befreien (bei hartnäckiger Verschmutzung bitte nur sehr milde Haushaltsreiniger verwenden, andere verätzen die empfindlichen Nasenschleimhäute der Ratten)

einmal monatlich
- ✱ Krallen und Nagezähne auf Überlänge prüfen und gegebenenfalls vom Tierarzt oder vom erfahrenen Zoohändler kürzen lassen
- ✱ gründliche Reinigung des gesamten Käfigs und Zubehörs

zeitlich nicht festlegbare Pflegearbeiten
- ✱ Auffüllen des Körnerfutternapfes (je nach Verbrauch)
- ✱ Reinigung der Tränkflasche (je nach Verschmutzung bzw. Algenbildung)
- ✱ Gesundheitscheck

Nistmaterial

Hinsichtlich des Nistmaterials sind Ratten wenig wählerisch. Selbst zerbissenes Papier, Apfelschalen oder eingetrocknete Salatblätter werden dafür benutzt, weswegen das Nest auch regelmäßig kontrolliert werden muss, um Fäulnisbildung zu verhindern. Bieten Sie Ihren Tieren Stoffreste, Küchenpapier oder Heu zum Nestbau.

TIPP Im Kinder Spezial auf S. 61 finden Sie eine Anregung für einen preiswerten und abwechslungsreichen Spielplatz, der Ihre Ratte begeistern wird.

Klettergeräte

Ein Gitterkäfig bietet bereits reichlich Klettermöglichkeiten; da Ratten davon nie zu viel haben können, bringen Sie noch Leitern, Äste usw. ein. Lassen Sie aber noch genügend Raum zur freien Bewegung!

Röhren aller Art (z. B. Papprollen, PVC-Röhren) reizen die Neugierde der Tiere, doch muss der Durchmesser so groß sein, dass eine Ratte nicht darin stecken bleiben kann. Selbst waagerecht oder senkrecht angebrachte Kletterseile werden gern benutzt; verwenden Sie hierfür die rauen Kokosstricke, mit denen junge Bäume festgebunden werden.

ACHTUNG

Eine allein gehaltene Ratte braucht weitaus mehr Spielzeug als eine, die Artgenossen als Gefährten hat.

Eine Strickleiter – nicht zu hoch gehängt – kann für eine Weile ein interessantes Spielzeug sein.

Ratten richtig hochheben

Der lange Schwanz der Ratte reizt dazu, sie daran zu fassen und hochzunehmen. Dabei kann aber die Ratte nicht nur in Panik geraten, sondern auch verletzt werden, indem die Schwanzwirbelsäule bricht! Dies kommt in erster Linie dann vor, wenn man die Ratte mit spitzen Fingern am Schwanzende hebt und sie nicht sofort wieder absetzt.

Zoohändler und viele Züchter fassen Ratten in der Schwanzmitte und heben sie dann an, um sie schnell in eine Transportbox oder einen anderen Käfig umzusetzen. Dabei handelt es sich aber um nicht zahme Tiere, die eventuell beißen könnten. Für zahme Ratten ist diese Methode unnötig und außerdem sehr unangenehm.

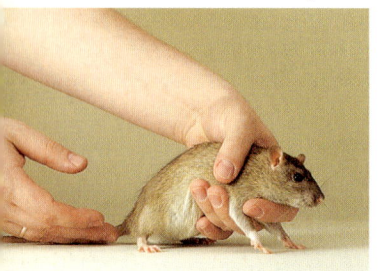

So geht es: hochheben mit Schultergriff ...

Der Schultergriff

Völlig zahme Ratten lassen sich direkt hinter den Schultern von oben her umgreifen und anheben; stützen Sie dann aber sofort die Füße mit der anderen Hand ab und lassen Sie die Ratte nicht »baumeln«.

Achtung: Die Ratte muss auf den Zugriff vorbereitet sein, damit sie sich nicht erschreckt und dann unter Umständen aus Angst zubeißt! Bewegen Sie also Ihre Hand von vorn auf sie zu. Wollen Sie sie von hinten ergreifen, klopfen Sie direkt hinter der Ratte mit den Fingern auf den Boden, bevor Sie sie berühren, um anzukündigen, dass »etwas kommt«.

... Füße mit freier Hand abstützen (Bild links).

So fühlt sich die Ratte fest und sicher (Bild rechts).

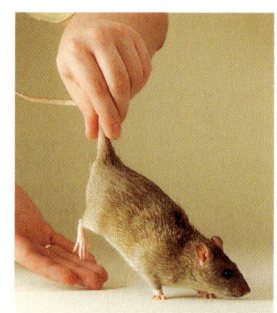

Der Griff von hinten

Manche Ratten mögen den Schultergriff nicht und versuchen sich ihm schlangengleich zu entwinden. Dann ist es praktikabel, die Ratte an der Schwanzwurzel zu ergreifen und ihr Hinterteil nur so weit anzuheben, dass die Füße den Bodenkontakt verlieren; dann schiebt man sofort von hinten her die andere Hand unter das Tier und hebt es dann hoch. Auch hierbei ist es wichtig, der Ratte den Zugriff »anzukündigen«, falls sie zum erschreckten Zubeißen neigt. Hochträchtige Weibchen sollten Sie nur auf diese Weise hochheben.

Versuchen Sie niemals, Ratten mit zwei Fingern am Nackenfell hochzuheben!

Berührungsscheue und hochträchtige Ratten ergreift man besser an der Schwanzwurzel.

Die vertraute Hand

Vertrauten Ratten brauchen Sie gewöhnlich nur die Hand hinzuhalten, damit sie darauf steigen; ein Zugriff ist dann unnötig. Falls die Ratte Anzeichen von Angst zeigt, während Sie sie umhertragen, können Sie sie mit der anderen Hand vorsichtshalber am Schwanz festhalten, aber ohne sie anzuheben, um einen plötzlichen Sprung zu verhindern.

Wichtig beim Anfassen von Ratten ist, dass die Finger nicht (mehr) nach Futter, z.B. nach Obst, riechen. Dann nämlich kann das Nasentier Ratte für einen Augenblick den Geruch des vertrauten Pflegers »vergessen« und den vermeintlichen Futterhappen schnappen. Normalerweise beißt die Ratte dabei aber nicht richtig zu, sondern greift nur mit den Zähnen und bemerkt sehr schnell ihren Irrtum. Bei lediglich durch Handfütterung gezähmten Ratten kann man dafür aber nicht garantieren!

Schieben Sie die Hand von hinten her vorsichtig unter das Tier.

Ist Ihre Ratte an Sie gewöhnt, klettert sie ganz von allein auf Ihre Hand.

CHECKLISTE
GIFTIGE PFLANZEN

Auf diese Pflanzen sollten
Sie in dem Raum, in dem
Ihre Ratte frei herumläuft,
sicherheitshalber verzichten:
❧ Agave
❧ Aloe
❧ Alpenveilchen
❧ Amaryllis
❧ Aronstab
❧ Bogenhanf
❧ Christrose
❧ Christusdorn
❧ Clivie
❧ Dieffenbachie
❧ Efeu
❧ Efeutute
❧ Engelstrompete
❧ Farne
❧ Feigenbaum
❧ Flamingoblume
❧ Geranie
❧ Hortensie
❧ Hyazinthe
❧ Krokus
❧ Kroton
❧ Maiglöckchen
❧ Mistel
❧ Myrte
❧ Narzisse
❧ Oleander
❧ Primel
❧ Passionsblume
❧ Rhizinus
❧ Wandelröschen
❧ Weihnachtsstern
❧ Zimmerazalee
❧ Zimmerkalla

Freilauf für die Ratte

Ratten sind von Natur aus keine »Renn-Tiere« wie etwa Kaninchen
oder Meerschweinchen, die gern ihre Runden auf dem freien Fuß-
boden laufen. Vielmehr sind sie Stöberer und Entdecker, für die nicht
die Weite des Raumes, sondern dessen Einrichtung entscheidend ist.
Freilauf in einem noch so großen, aber leeren Flur ist daher für sie
weit weniger interessant als etwa auf einem Sofa, auf dem Kissen,
Zeitungen, Decken und andere Dinge liegen, die vielleicht sogar spannende Höhlen bilden.

Freilauf kann gefährlich sein!

Die große Lust am Untersuchen lässt es ratsam erscheinen, dass Sie
Ihren Ratten nur unter Aufsicht Auslauf in der Wohnung gewähren
sollten. Schnell sind die Tiere sonst hinter einem schweren Möbel-
stück verschwunden, räumen das Bücherregal aus oder wühlen in den
Blumentöpfen.
   Auch in tödliche Fallen können sie geraten, etwa in eine hohe
Bodenvase rutschen, aus der sie nicht wieder herauskommen. Dass
Nagetiere gern Elektrokabel anfressen, ist ja mittlerweile bekannt.
Selbst wenn Sie beim Freilauf dabei sind, gibt es noch genug Gefah-
renquellen; da wird die Lade geschlossen, in die die Ratte unbemerkt
geschlüpft ist, oder man geht kurz aus dem Zimmer und klemmt
dabei unversehens hinterhertrabende Ratten in der Tür ein.

Stöberer und Endecker

Wenn Sie Derartiges vermeiden wollen, lassen Sie Ihre Ratten lediglich auf dem Sofa oder dem Tisch laufen und bieten Sie ihnen allerlei
ungefährliche Gegenstände zum Beklettern und Untersuchen – dabei
sind der Phantasie keine Grenzen gesetzt. Kartons mit Schlupflöchern,
Plüschtiere, zerwühlte Decken, Pappröhren und natürlich auch Sie
selbst, alles wird erkundet. Ist dabei hie und da ein Sonnenblumen-
kern, eine Erdnuss oder sonst ein Happen versteckt, regt das den
Suchtrieb erst recht an. Dabei kann die Ratte ihr natürliches Stöber-
verhalten bei der Nahrungssuche ausleben.

Ungefährliche Untersuchungsobjekte mit großer Wirkung sind:
- ✤ ein mit Wurzeln herausgezogenes Grasbüschel, das die Ratten hingebungsvoll auseinander nehmen,
- ✤ eine Schale mit Erde oder trockenem Laub, in der einige Futterbrocken versteckt sind, oder
- ✤ ein zusammengeknülltes Blatt Papier, in dessen Innerem sich ein paar Sonnenblumenkerne finden lassen.

Rattenhaltung ohne Käfig?

Die völlig freie Haltung in der Wohnung, wovon einige Begeisterte schwärmen, befürworte ich nicht. Die Gefahrenquellen für frei laufende Ratten sind zu zahlreich. Eine Wohnung (oder auch nur einen Raum) rattensicher einzurichten, ist schwieriger, als sie für ein Kleinkind zu sichern. Geschickte Ratten klettern selbst an rauen Tapeten empor; nichts bleibt für sie unerreichbar. Zudem werden sie nicht stubenrein.

Überlegen Sie es sich also gut, ob Sie dieses Risiko für sich und Ihre Tiere eingehen wollen.

> **TIPP** Aus ihrem Käfig genommene Ratten neigen dazu, in den ersten Minuten Kot und Urin abzugeben. Setzen Sie die Tiere daher zunächst für zehn Minuten in den Transportkäfig um, damit sie sich dort »erleichtern«.

Die Besteigung der Möbel-Nordwand: Kein Problem für eine Ratte!

Der Abenteuerspielplatz auf dem Tisch

Mit Spielsachen, wie sie im Handel zumeist für Sittiche und Papageien angeboten werden (Leitern, Wippen, Kletterseile), lässt sich auf einem Tisch ein regelrechter Abenteuerspielplatz für Ratten aufbauen. Solange dafür Gegenstände aus ungiftigen Materialien verwendet werden, sind der Fantasie auch keine Grenzen gesetzt.

Solche »Rattentische« werden hie und da als alternative Unterkunft statt eines Käfigs empfohlen, da speziell Albinoratten angeblich nicht von der Tischplatte hinunterspringen. Es gibt Albinoratten, die sehr gut und ohne Zögern springen und auch andere unternehmungslustige Ratten werden früher oder später den Weg vom Tisch hinunter finden. Fazit: Als Spielplatz ja, als Dauerunterbringung nein.

»Wasserspiele«

Manche Ratten baden gern und freiwillig; stellen Sie ihnen eine große Abwaschschüssel mit Leitern hin, die eine Handbreit mit lauwarmem Wasser gefüllt ist (im Zimmer darf es dann aber weder kalt noch zugig sein). Mit ein paar hineingeworfenen Mohrrübenstückchen oder Salatfetzchen können Sie Ihre »Wasserratten« eventuell sogar zum »Fischen« animieren!

Setzen Sie die Ratten nach dem Baden nie nass in ihren Käfig zurück, sondern trocknen Sie sie vorher sanft mit einem Frotteetuch ab, um Erkältungen zu vermeiden.

Die Ratte auf der Schulter

Das Kapitel wäre nicht vollständig, wenn nicht noch die Ratte in der Jackentasche oder auf der Schulter erwähnt würde, mit der man sogar auf die Straße gehen kann. Ist die Ratte erst einmal vertraut mit »ihrem« Menschen und betrachtet ihn als Zuflucht, ist ein solcher Spaziergang ohne weiteres möglich. Viele Ratten genießen die Abwechslung, die ihnen ein solcher Ausflug bringt. Wichtig ist dabei aber, dass dem Tier stets eine Versteckmöglichkeit zur Verfügung steht, etwa in der Tasche oder im Pullover. In der kalten Jahreszeit wird sich die Ratte besonders körpernah aufhalten, da Schwanz und Ohren frostanfällig sind.

> **TIPP** Statt des bekannten »Rattenlabyrinthes«, einem Irrgarten in Tischformat, bieten Sie Ihrem Tier besser einen großen belaubten Zweig zum Spielen an. Er bietet der Ratte jede Menge Abwechslung: Sie kann ihn beriechen, benagen und auch als Nistmaterial verwenden.

Auf der Schulter getragen kann Ihre Ratte sie (fast) überall hin begleiten.

Achten Sie darauf, wenn Sie sich auf eine Bank setzen sollten, dass sich die Ratte nicht von dort »abseilen« kann. Riecht die Umgebung für Rattennasen verheißungsvoll, ist schnell alle Ortsbindung vergessen und die Ratte im Gebüsch verschwunden. Das heißt nicht, dass sie gleich entläuft. Sie kann dort aber auf den Kot frei lebender Ratten oder Mäuse stoßen und sich daran infizieren. Lassen Sie Ihre Ratte(n) deshalb lieber am Körper!

> **WICHTIG**
>
> Ratten brauchen hin und wieder einen Auslauf. Bei ihren Streifzügen schleppen sie Nahrung oder für sie interessante Gegenstände ins Nest.

Keine Show-Effekte

Vermeiden Sie es auch, zum Spaß andere Passanten oder Mitfahrer in der Straßenbahn mit der schnell aus der Tasche gezogenen Ratte zu konfrontieren! Mit Überraschungseffekten machen Sie niemanden zum Rattenfan und manche Ratte ist schon bei einem reflexartigen Abwehrschlag verletzt worden. Außerdem werden Sie selbst vermutlich den Ärger der Umstehenden deutlich zu hören bekommen. Derartige Show-Effekte, wie man sie leider manchmal sieht, sind bei einem echten Rattenliebhaber verpönt.

> **TIPP** Machen Sie vorsichtshalber auch einen Bogen um frei laufende Hunde. Selbst bei ausgesprochenen Wohnungshunden, die vorher nie einer Ratte begegnet sind, können Anblick und Geruch des Nagers den Jagdinstinkt wecken.

Probieren Sie es ruhig einmal aus, ob Ihr Tier auch eine »Wasserratte« ist.

Tipps für die Urlaubszeit

WICHTIG

Falls Sie nicht mit Zelt oder Wohnwagen verreisen, sollten Sie Ihre Ratten lieber in kundigen Händen zurücklassen. Hitze oder Zugluft bei einer sommerlichen Autoreise bekommen ihnen ohnehin wenig.

TIPP In Zoohandlungen oder im Tierheim erfahren Sie, wo Sie Ihre Tiere in Urlaubspflege geben können. Auch Tierzeitschriften haben dafür Anzeigenteile.

Machen Sie sich bitte von vornherein mit dem Gedanken vertraut, dass Sie Ihre Ratte(n) in der Regel nicht mit in den Urlaub nehmen können. Schon mit einem Hund ist es häufig schwer, ein Quartier zu finden, mit einer oder gar mehreren Ratten ist es wegen ihres schlechten Rufes fast überall unmöglich.

Ideal ist es natürlich, wenn sich jemand um die Ratten kümmern kann, den sie kennen. Daher sollte eine mögliche Pflegeperson nicht nur kurz angelernt, sondern noch rechtzeitig vor der Abreise mit den Tieren vertraut gemacht werden. Besonders wichtig ist dies, wenn Sie trotz anders lautender Empfehlung nur eine einzige Ratte halten, die unter der Abwesenheit ihrer Bezugsperson sehr leiden kann.

Halten Sie zwei oder mehr Ratten, die sich wenigstens untereinander beschäftigen können und vor allem ständigen körperlichen Kontakt haben, ist auch eine neutrale Pflegestelle für die Urlaubszeit möglich.

Diese Transportboxen gibt es in verschiedenen Größen. Der Deckel sollte zusätzlich gesichert werden.

Ratten dressieren

Zu einer Rattendressur gehören zwei wichtige Voraussetzungen: ein geduldiger Dresseur und eine intelligente und lernfreudige Ratte.

Wenn Sie der Ratte z. B. das Balancieren über ein Seil beibringen wollen, locken Sie sie mit einem Leckerbissen erst auf das Podest, an dem das Seil befestigt ist, und setzen Sie sie nicht mit Gewalt aufs Seil!

Vom Podest aus locken Sie mit einem weiteren Happen, bis die Ratte die Hände auf das Seil setzt und belohnen Sie sie schon dafür. Von jetzt an müssen Sie allmählich steigern, bis das Tier dem Leckerbissen über das ganze Seil folgt und ihn am Ende erhält. Das kann fünf Minuten, aber auch Wochen dauern, je nach der Auffassungsgabe der Ratte einerseits und der Geduld des Dresseurs andererseits.

Ohne Belohnungshappen können Sie der freilaufenden Ratte das Herbeikommen andressieren. Für eine vertraute Ratte ist es nämlich Belohnung genug, zu ihrem Menschen zurückkehren zu dürfen.

TIPP Verbinden Sie das Locken mit einem Signal wie Pfiff, Kommando oder Klopfen. So kann die Ratte lernen, dass sie nach diesem Signal eine Belohnung erhält, wenn sie eine bestimmte Handlung vollführt.

WICHTIG

Auf Bestrafung für nicht ausgeführte Kunststückchen sollten Sie unbedingt verzichten, da die Ratte sonst sehr schnell die Zusammenarbeit einstellt.

Oft scheitert die Dressur an den zu hohen Erwartungen des Halters. Bleiben Sie geduldig und bedenken Sie, dass nicht jede Ratte Spaß daran hat.

So ernähren Sie Ihre Ratte richtig

Farbratten gehören zwar zu den Haustieren, die am einfachsten zu ernähren sind. Dennoch sollten gewisse Futteransprüche erfüllt werden. Frei lebende Ratten fressen zwar die ungewöhnlichsten Dinge, doch tun sie dies in den meisten Fällen nur, um am Leben zu bleiben, wenn sie kein besseres Futter finden können.

Hier ist der Tisch reich, vielfältig und sehr abwechslungsreich gedeckt und die Ratte gerade beim Obstgang.

In Futtertierzuchten und Labors werden Ratten mit speziell für sie hergestellten Pellets (Stäbchen aus gepresstem Futter) ernährt. Mangels Alternativen nehmen sie dieses Futter dort als Alleinfutter zu sich; vor die Wahl gestellt, lassen sie jedoch die Pellets schnell links liegen und ziehen eine weniger langweilige Futtermischung deutlich vor. Gerade ein geistig so hoch stehendes Tier wie die Ratte schätzt Nahrungsvielfalt – dies sollten Sie als Halter respektieren und entsprechend handeln.

Vielfalt statt Fertigkost

Die Futterangebote für Ihre Ratten können von speziellen Körnermischungen bis zu Mehlwürmern und Grillen, die als besondere Leckerbissen die vegetarische Kost ergänzen, reichen. Grünfutter – also frisches Obst und Gemüse – fressen Ratten ebenso gern wie hartes Brot oder Hundekuchen, bei dem sie ihre Nagezähne ordentlich abreiben können.

Auch Essensreste von Ihren Mahlzeiten, die allerdings ungewürzt sein müssen, also die gekochten Reste von Gemüse, Reis, Nudeln oder Kartoffeln, können als Zusatz für Abwechslung sorgen. Das Grundfutter sollte jedoch immer eine ausgewogene Körnermischung sein.

Der Speisezettel

TIPP Ein bei Ratten beliebtes Zusatzfutter, das sie noch dazu lange beschäftigt, ist Kolbenhirse..

Im Zoofachhandel sind spezielle Futtermischungen für Ratten erhältlich, die meiner Meinung nach noch verbessert werden können. Aber auch andere Tierfuttersorten sind geeignet. Im Meerschweinchenfutter können die hier fehlenden Sonnenblumenkerne, die bei den Ratten sehr beliebt sind, ergänzt werden. Auch Goldhamsterfutter ist brauchbar.

Körner als Grundfutter

Da Ratten gern Sämereien zu sich nehmen, können Sie auch Meerschweinchen- mit Großsittichfutter im Verhältnis 2:1 mischen. Letzteres enthält neben Sonnenblumenkernen und Erdnüssen auch verschiedene Hirsearten. Eine solche Mischung eignet sich hervorragend als Grundfutter und kann durch weitere Bestandteile, z. B. Haferflocken, rohe Nudeln, trockene Erbsen, Rosinen oder Cornflakes ergänzt werden.

TIPP Verstreuen Sie zusätzlich ab und zu eine Hand voll Körnerfutter oder Zugaben wie Cornflakes oder rohe Nudeln im ganzen Käfig (auch in den Etagen); das regt die Ratten zum Stöbern und damit zu großer Aktivität an und hilft somit gegen Langeweile.

Bieten Sie Ihren Pfleglingen nur qualitativ hochwertiges Futter an, denn eine schlechte Ernährung macht selbst Ratten krank.

Grünfutter

Ratten fressen jedes Obst und Gemüse, das auch Ihnen bekommt. Vermeiden Sie die Verfütterung von faulendem, schimmelndem oder nassem Grünzeug. Waschen Sie Obst und Gemüse vor dem Verfüttern ab. Um Insektizide möglichst zu entfernen, lassen Sie es dann noch trocknen. Saftiges Futter wie Tomaten durchfeuchtet schnell die Käfigstreu und Reste gammeln rasch.

> **WICHTIG**
>
> Kontrollieren Sie täglich den Käfig auf verscharrte Saftfutterreste, da diese sonst faulen können.

Nagefutter

Bei allen Nagetieren wachsen die Nagezähne zeitlebens. Der Abrieb durch hartes Material wird ständig durch gleichmäßiges Nachwachsen ausgeglichen. Werden die Zähne nicht genügend abgenutzt, wachsen sie so lang ungehemmt weiter, bis die Nahrungsaufnahme am Ende unmöglich ist. Bieten Sie daher ständig altes, hartes (nicht schimmeliges!) Brot oder Hundekuchen an. Ratten lieben Knochen (ohne Gewürzreste) und erhalten dabei noch wertvolle Mineralien.

> **TIPP** Schneiden Sie z. B. Äpfel nicht unnötig klein. Die Ratte ist als Nagetier auf die Zerkleinerungsarbeit eingestellt.

Hart gewordenes Brot führt zu einer natürlichen Abnutzung der Nagezähne. Eine beliebte Alternative für viele Ratten sind Hundeknochen aus Büffelhaut.

Seltene Leckerbissen

TIPP Mehlwürmer und Grillen sollten Sie immer per Hand verfüttern, da sie sonst den Ratten entwischen und in Ihre Wohnung gelangen könnten.

Wenn auch ganz überwiegend Vegetarier, sind Ratten doch »Gelegenheitsraubtiere«, obwohl dieser Aspekt oft überbewertet wird. Eine Bauernhofratte bleibt eben länger im Gedächtnis haften, wenn sie einmal ein krankes Ferkel angeknabbert hat, obwohl sie sich ansonsten ausschließlich von Rüben und Getreide ernährt haben mag! Fleischnahrung jeglicher Art ist für Ratten also kein ausgesprochenes Muss, sondern eher ein Kann.

Ab und zu ein Stückchen Fleisch

ACHTUNG

Kaufen Sie im Winter nicht der Sonnenblumenkerne wegen das Winterfutter für die Vogelhäuschen. Das darin enthaltene Fettfutter bekommt den Ratten nicht.

Viele Farbratten lieben Hundetrockenfutter, das Sie ihnen aber nur selten als Leckerbissen bieten sollten. Auch ein Mehlwurm hier und da löst garantiert Begeisterung aus. Ganz versessen sind Ratten auf Grillen, die man als Futtertiere für Terrarientiere kaufen kann.

Liebend gern nehmen Ratten bestimmte Reste unserer Mahlzeiten zu sich, die natürlich nicht gewürzt oder gar mit Soßenresten behaf-

Auch gekochte Nudeln kann man den Ratten ab und zu als besondere Leckerbissen anbieten.

tet sein dürfen. So erhalten meine Ratten die gekochten Reste von Erbsen, Reis und Kartoffeln (auch Kartoffelpüree und Pellkartoffeln). Dieses Futter bekommt ihnen – wohlgemerkt lediglich als Zugabe zum Grundfutter, nicht als dessen Ersatz – sehr gut und bringt unwahrscheinliche Aktivität in den Käfig. Es gibt wohl nichts Amüsanteres, als das Spaghetti-Tauziehen zweier auf Pasta versessener Ratten zu beobachten!

> **ACHTUNG**
>
> Bei der Verfütterung von sehr saftigem Obst (Südfrüchte), von Kohlrabi und Kohl kann sich der Käfiggeruch verstärken.

Trinkwasser

Ratten haben einen großen Flüssigkeitsbedarf. Sie sollten also ständig frisches Trinkwasser in einer Tränkflasche zur Verfügung haben. Als anpassungsfähige Tiere können sich Ratten an ein Leben ohne Trinkwasser gewöhnen, wenn sie ständig genügend Grünfutter bekommen. Die richtige Menge lässt sich daran erkennen, dass bei der nächsten Gabe von Grünfutter noch ein Rest der vorigen vorhanden ist. Hätten die Ratten Durst, wäre dies nicht der Fall. Besser ist aber in jedem Fall eine Tränkflasche mit Wasser.

Bekommt die Ratte ihr Trinkwasser aus einer Tränkflasche, ist gewährleistet, dass sie es nicht verschmutzen kann.

So bleibt Ihre Ratte gesund

Kontrollieren Sie schon beim Kauf Ihrer Farbratte, ob das Tier einen gesunden und munteren Eindruck macht. Prüfen Sie dabei die Kriterien für einen Gesundheitscheck, wie sie in diesem Kapitel vorgestellt werden. Oft reicht schon ein Blick in das Auge der Ratte, um zu sehen, ob sie krank oder gesundheitlich angegriffen ist.

Gesunde Ratten haben ein glänzendes Fell, eine saubere Nase, klare Augen ohne Ausfluss und sind aktiv.

Es ist immer wieder ärgerlich, in Büchern über Nagetiere ganze Kapitel über Krankheiten zu finden, deren Erkennen dem Laien fast unmöglich ist. So entsteht der Eindruck, man sei speziell bei der Haltung von Ratten und Mäusen pausenlos mit der Verhinderung von Krankheiten beschäftigt, dabei überwiegt natürlich auch bei diesen Tieren die Freude am Umgang mit ihnen.

Die richtige Pflege

Die richtige Auswahl und Pflege Ihrer Ratten ist die beste Grundlage für ein gesundes Leben an Ihrer Seite. Tauchen trotzdem gesundheitliche Probleme auf, ist ein erfahrener Tierarzt der beste Partner. Machen Sie sich aber, was die Lebenserwartung Ihrer Tiere anbelangt, keine unrealistischen Hoffnungen. Ein Rekordalter erreichen die wenigsten; genießen Sie lieber jeden Tag mit Ihren Tieren.

Bedenken Sie, dass bei aller Pflege für Ratten – genau wie für uns Menschen auch – ein abwechslungsreiches, anregendes Leben Voraussetzung für die körperliche Fitness ist. Ratten, die zeitlebens ausreichend aktiv sind, werden auch im Alter eher gesund bleiben.

Auch für die Aufzucht von Rattennachwuchs finden Sie in diesem Kapitel hilfreiche Informationen.

Wenn die Ratte krank ist

Kleine Nagetiere neigen nicht zu langer Krankheit. Die Anfangsstadien einer Krankheit sind zudem für einen Laien fast nicht zu erkennen. Wenn die Ratten erst einmal richtig krank aussehen, ist die Sachlage meistens schon so ernst, dass gut gemeinte Experimente mit Hausmitteln schnell zum Fiasko werden und darum auf jeden Fall zu vermeiden sind.

Hilfe nur vom Tierarzt

Oft zeigen kranke Tiere nur eines der in der nebenstehenden Checkliste beschriebenen Merkmale. Stellen Sie bei Ihren Ratten ein oder mehrere Symptome von Krankheiten, Parasitenbefall oder eine Verletzung fest oder verhält sich eine Ihrer Ratten auch nur auffällig anders als gewöhnlich, wenden Sie sich bitte sofort an einen erfahrenen Tierarzt. Ein mögliche Ursache dafür, dass sich ein Weibchen unge-

Die gesunde und gut veranlagte Ratte bewegt sich gelassen und geschmeidig und ist stets an der Umgebung interessiert.

wöhnlich verhält, kann darin liegen, dass es trächtig ist. Es kann aber auch eine ernsthafte Erkrankung dahinter stecken.

Lediglich bei leichtem Durchfall, wie er durch viel saftiges Futter oder bei einer leichten Erkältung entstehen kann, ist das alte Hausmittel; verdünnter schwarzer Tee und Zwieback, erlaubt.

TIPP Suchen Sie schon nach einem Tierarzt, der Erfahrung mit Ratten hat, bevor ein Ernstfall eintritt. Manche Tierärzte kommen zu selten mit kleinen Nagern in Berührung, um kompetent Hilfe leisten zu können.

CHECKLISTE GESUNDHEIT

Gesunde Ratten erkennen Sie an:	Kranke Ratten erkennen Sie an:	Greisenhafte Ratten erkennen Sie an:
klaren, glänzenden Augen ohne Ausfluss	trüben, oft nicht völlig geöffneten Augen, eventuell mit Ausfluss oder Rötungen	weißlichen Augen (Blindheit)
sauberer Nase	Nasenausfluss, Niesen, Schniefen oder Keuchen	
sauberem Fell ohne Kahlstellen	extrem struppigem Fell, eventuell mit kahlen und/oder schorfigen Hautpartien; bei Parasitenbefall neben kahlen Stellen auch auffällig häufigem Kratzen und Beknabbern	schütterem Fell
	kotverschmutzter Afterumgebung (Durchfall)	
geschmeidigen, flinken Bewegungen	unbeholfenen, stakeligen bis taumelnden Bewegungen	steifen Beinen und mühsamen Bewegungen
	apathischem Verhalten	
schnellen Reaktionen	langsamen, kraftlosen Reaktionen	
kräftiges Anklammern beim Herausnehmen		
	hochgewölbtem, beim Laufen steifen Rücken	steifem Rücken

Parasitenbefall

Bemerken Sie an Ihrer Ratte einen Parasitenbefall, holen Sie sich sofort ein Mittel dagegen vom Tierarzt und befolgen Sie seine Verabreichungsangaben. Der Einsatz nach eigenem Ermessen vernichtet zwar auch die Parasiten, kann aber der Gesundheit von Ratte und Pfleger erheblich schaden!

Krebsanfälligkeit

Da die im Handel erhältlichen Farbratten auf Laborvorfahren zurückgehen, die mit einer vom Menschen gewünschten Krebsanfälligkeit behaftet waren, sind Tumore eine jedem Rattenliebhaber bekannte Erscheinung, die speziell bei alten Ratten auftritt. Die Geschwulste zeigen sich zumeist an Armen und Beinen sowie an den Flanken und wachsen sehr schnell. In wenigen Wochen können sie Walnussgröße erreichen. Äußerliche Geschwulste kann der Tierarzt entfernen, die Streuung der Krebszellen im Körper aber damit kaum verhindern.

> **WICHTIG**
>
> Solange Ihre Ratte trotz Tumor munter ist, sollten Sie ihr eine Operation ersparen. Zeigt sie aber Anzeichen von Schmerzen wie vorsichtige Bewegungen, halbgeschlossene Augen oder häufiges Ausruhen, sollten Sie sich überlegen, ob ein sanftes Einschläfern nicht eine bessere Lösung ist.

Zuchtratten sind anfällig für Krebs, der vor allem bei alten Tieren auftreten kann, aber nicht muss.

Die Lebenserwartung

Hier werden die Erwartungen beim Halter oft unrealistisch hoch ge-
steckt. Immer wieder ist zu lesen, dass die normale Lebenserwartung
einer Ratte bis zu sieben Jahre beträgt und nur der Ausbruch von
Krebs zumeist im Alter von zwei bis zweieinhalb Jahren das Tier frühzeitig sterben lässt. Allerdings muss man fragen, wie oft überhaupt
schon eine noch so gesunde Ratte tatsächlich sieben Jahre alt wurde;
möglicherweise wurden nur zwei oder drei bekannte Fälle immer wieder in der Literatur wiederholt.

Fast alle kleinen Nagetiere haben von Natur aus eine sehr kurze
Lebensdauer von nur ein oder zwei Jahren, die sie durch eine hohe
Vermehrungsrate ausgleichen. Die Natur gestattet normalerweise
kein »Rentnerdasein«. Der Verlust der Fortpflanzungsfähigkeit kündet
bei Nagern zumeist das Ablaufen der biologischen Uhr an. Rattenweibchen haben größere Würfe als viele andere Nager und werden
mit etwa anderthalb Jahren meistens unfruchtbar.

Daraus lässt sich schließen, dass die normale Lebenserwartung bei
etwa zwei Jahren liegt. Unter günstigen Voraussetzungen und bei
bestem Erbgut lässt sich hie und da ein höheres Alter erreichen, so
wie auch ein Mensch hundertzwanzig Jahre alt werden kann – ohne
dass das gleich als normale Lebenserwartung des Menschen gewertet
wird!

ACHTUNG

Auch bei bester Pflege ist
es letztlich das Erbgut, das
die Lebenserwartung be-
stimmt. Gerade Ratten ha-
ben viele hinzugezüchtete
Eigenschaften, auf die Sie
keinen Einfluss haben.

Altersblindheit

Besonders bei alten Ratten besteht die Gefahr, dass sie erblinden. Da
die Ratte aber ohnehin kein ausgesprochenes Augentier ist, kommt
sie mit dieser Behinderung erstaunlich gut zurecht und orientiert sich
noch stärker als zuvor mit Gehör, Geruchs- und Tastsinn. Viele Rattenhalter bemerken die Blindheit ihrer Ratte gar nicht!

Allerdings kann eine blinde Ratte bei einer plötzlichen lautlosen
Berührung fürchterlich erschrecken und dann auch zubeißen. Um dies
zu verhindern, machen Sie lieber ein wenig Lärm neben der Ratte und
bereiten Sie sie damit auf das Streicheln oder Zugreifen vor. Vorsor-
gende oder heilende Maßnahmen gibt es bei der Altersblindheit leider
nicht.

Der Rattennachwuchs

ACHTUNG

Sofort nach dem Werfen ist das Rattenweibchen wieder empfängnisbereit. Sie müssen also den Ratterich noch vor dem Werfen vom Weibchen trennen.

Es macht Spaß, die Aufzucht eines wuseligen Wurfs kleiner Ratten zu beobachten. Überlegen Sie sich aber gut, ob Sie die Jungtiere – bis zu 14 Stück! – hinterher gut unterbringen können. Da der Interessentenkreis für Ratten klein ist, bedeutet das womöglich, dass die Tiere, die Sie nicht behalten können, als Futtertiere enden. Sie müssen selbst wissen, ob Sie das akzeptieren können.

Geschlechtsreife und Tragzeit

Junge Ratten werden im Alter von anderthalb bis zwei Monaten geschlechtsreif. Bei Ihrem Haustier sollten Sie bis zur ersten Paarung so lange warten, bis das Rattenweibchen, das Sie im Alter von sechs bis acht Wochen im Zoohandel erhalten, völlig vertraut in seiner neuen Umgebung ist.

Die Tragzeit beträgt etwa drei Wochen. In der letzten Woche beginnt das Weibchen, noch intensiver als sonst Nistmaterial zusammenzutragen.

Geburt

Kurz vor der Geburt zieht sich das Weibchen ins Nest zurück und verteidigt dies gegen ihre Artgenossen und auch gegen seinen Pfleger. Die Rattenwelpen kommen meist in der Nacht oder am frühen Morgen zur Welt und werden von der Mutter sofort abgenabelt und trockengeleckt. Ist die Geburt abgeschlossen, setzt sich das Muttertier über die Welpen und säugt sie erstmals. Bei den noch nackten Mini-Ratten schimmert danach die Milch deutlich weiß durch die rosa Bauchhaut. Ratten haben große Würfe, zehn bis zwölf Jungtiere sind normal.

Die Trächtigkeit einer Ratte ist bald eindeutig zu erkennen.

Aufzucht der Jungen

Die Welpen orientieren sich zunächst nur zur Körperwärme der Mutter hin, um dort zu saugen. Schon vor dem Öffnen der Augen beginnen die Welpen, unsichere Ausflüge aus dem Nest zu machen. Die Mutter trägt die Jungen immer wieder beharrlich zurück ins Nest. Haben die Jungen mit anderthalb bis zwei Wochen erst einmal die Augen geöffnet, gibt es allerdings kein Halten mehr. Mit 14 Tagen steht der Rattenwelpe – wenn auch noch unsicher – auf allen Vieren.

Umstellung auf feste Nahrung

Jungratten lecken die Lippen ihrer Mutter ab. Sie nehmen dabei mit dem Speichel auch wertvolle Abwehrstoffe auf. Sie lernen so auch den Geschmack verschiedener Nahrungsbestandteile kennen. Eine junge Ratte rührt nur das Futter an, das auch ihre Mutter frisst, so wird sie nach und nach auf feste Nahrung umgestellt. Mit drei bis vier Wochen ist das Jungtier entwöhnt und selbstständig.

TIPP Säubern Sie den Käfig erstmals eine Woche nach der Geburt, aber nur um das Nest herum. Legen Sie dabei Ihre Hände bewegungslos in den Käfig, damit die Kleinen sich an Ihren Geruch gewöhnen. Lassen Sie die Welpen, sobald sie es können, Ihre Hand besteigen und untersuchen.

ACHTUNG

Zweiwöchige Welpen können Sie kurzzeitig ganz vorsichtig in die Hand nehmen. Da junge Ratten aber zu unverhofften Blitzstarts neigen, sollten Sie dabei auf dem Sofa sitzen und die Hand mit dem Baby dicht über das Polster halten.

Diese Rattenwelpen sind 8 Tage alt. Bald wird die Mutter ständig damit beschäftigt sein, sie von ihren Ausflügen zurück ins Nest zu holen.

Was du im Umgang mit deiner Ratte beachten musst:

Ärgere deine Ratte nie, und lass an ihr nie deine schlechte Laune aus! Sie ist kein Spielzeug, sondern ein Lebewesen, das du respektieren musst.

Ratten brauchen viel Kontakt zu Artgenossen. Als Wildtiere leben sie auch mit vielen Ratten zusammen.

Deine Ratte braucht viel Abwechslung – sie ist ein neugieriges Tier, das viel und schnell lernt.

Ratten brauchen viel Bewegung. Sie turnen gern und sind dabei sehr geschickt.

Vorsicht, wenn deine Ratte frei herumläuft! Es gibt in eurer Wohnung viele Stellen, die für deine Ratte gefährlich sind.

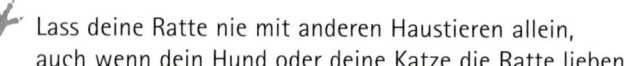

Lass deine Ratte nie mit anderen Haustieren allein, auch wenn dein Hund oder deine Katze die Ratte lieben.

Besonderheiten deiner Ratte

Ratten haben einen sehr empfindlichen Schwanz, man darf sie also nie daran hochheben, er kann reißen oder brechen.

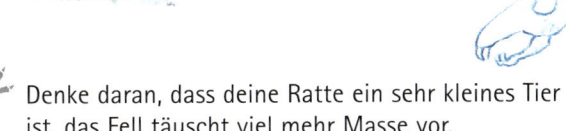

Denke daran, dass deine Ratte ein sehr kleines Tier ist, das Fell täuscht viel mehr Masse vor.

Ratten sind gute Turner. Wenn Ratten frei im Zimmer laufen, musst du gut aufpassen, wenn du die Tür schließen willst. Es kann sein, dass deine Ratte oben auf der Tür sitzt.

Deine ausgewachsene Ratte kann sich ganz lang machen. Sie passt dann durch die kleinsten Öffnungen.

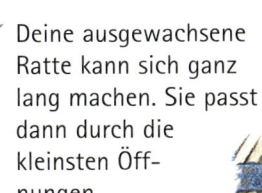

Ratten haben einen hoch entwickelten Geruchssinn. Deine Ratte kann dich an deinem Geruch erkennen. Sie weiß also schon wer du bist, wenn du ihr die Hand hinhältst und sie dich nicht sehen kann.

KINDER SPEZIAL

Wildratten überleben mit Verstand

Wildratten leben in großen Familienclans zusammen. Großeltern, Eltern, Kinder und alle Verwandten wohnen in einer »Rattenburg«. Streit gibt es nur ganz selten. In der Mitte der Rattenburg leben die Mütter mit ihren kleinen Kindern. Darum herum leben dann die Männchen und die Weibchen, die keine Jungen haben. Am äußeren Rand leben die Jungtiere. Sie haben in der Rattenfamilie den geringsten Stellenwert.

Eine »Rattenburg« kann mit gesammelten oder gekauften Teilen so ähnlich wie hier zusammengebaut werden.

Ratten schützen sich vor Vergiftungen mit einem »Vorkoster«. Es sind jüngere Männchen – die Familie kann auf sie leichter verzichten – die zuerst vom Futter probieren. Die anderen Ratten warten teilweise mehrere Stunden, ob den Vorkostern etwas passiert. Erst dann fressen sie das Futter. So ist die große Rattenfamilie durch das Opfer der jungen Männchen geschützt.

Wanderratten leben praktisch überall, in der freien Natur, aber auch teilweise in der Nähe des Menschen. Dort wohnen sie dann in Kellern, hauptsächlich aber in der Kanalisation. Wie ihr Name sagt, wandern sie, wenn sie keine ausreichende Nahrung mehr finden oder verfolgt werden, einfach weiter.

Ein Abenteuerspielplatz selbst gemacht

Ratten brauchen Abwechslung, z.B. einen Abenteuerspielplatz, der jede Woche anders ist. Sammle Toiletten- und Küchenpapierrollen, Papierschnipsel, Kartonreste, Weiden- oder Bastkörbchen,
Papptaschen. Zerschneide alte Kleidung und Kordeln. Sammle auch Holzreste, Wurzeln, Astschei-
ben. Alles muss natürlich giftfrei und frei von Büroklammern und Nägeln sein.
Stopfe alles in einen großen Pappkarton oder in eine größere Plastikwanne und lasse deine Ratte
darin spielen und toben.

Du kannst auch Nüsse oder Apfelstücke verstecken, z.B. in einem alten Fingerhand-
schuh.
Nach spätestens einer Woche wandert alles
auf den Müll und das Spiel fängt von
vorne an.

KINDER SPEZIAL

Serviceseiten

Wichtige Adressen

Deutschland
Verein der Rattenliebhaber
und -züchter e. V.
Postfach 150324
60063 Frankfurt/M.

Rattenclub Berlin-Branden-
burg e. V.
c/o Christiane Frost
Bornsdorfer Straße 43
12053 Berlin

Schweiz
Club der Rattenfreunde
Schweiz
c/o Alexandra Tobler
Baselmattweg 205
CH-4123 Allschwil

Spezialtipp für Tierfreunde:
Lebendig und naturgetreu
wirken Tiere auf Kohlezeich-
nungen von Martine Tunnat,
die sie auf Wunsch auch
nach Fotos fertigt. Drei Tage
arbeitet sie an so einem Tier-
porträt.
Interessenten melden sich bei
Martine Tunnat
Weiherstraße 2
71546 Aspach
Tel.: 0 71 91 / 2 09 75.
(Für diesen Hinweis danken
wir der Redaktion »Ein Herz
für Tiere« sehr herzlich.)

*Ratgeber-Telefon (Herz für
Tiere Service) für Tierhalter*
01 90 / 87 32 47-11 (Täglich
von 8 bis 22 Uhr beantworten
Tierärzte Ihre Fragen)

Literaturhinweise

Bulla, Gisela: Ratten,
Gräfe & Unzer 1998

Gaßner, Georg: Ratten,
Ulmer 1998

Alderton, David: Hamster und
kleine Nager,
Kynos 1995

Schmidt, Günter: Hamster,
Meerschweinchen, Mäuse und
andere Nagetiere,
Ulmer 1995

Sie finden uns im Internet:
www.falken.de

Dieses Buch wurde auf chlorfrei gebleichtem und säurefreiem Papier gedruckt.

Der Text dieses Buches entspricht den Regeln der neuen deutschen Rechtschreibung.

ISBN 3 8068 2287 5

© 1999/2000 by FALKEN Verlag, 65527 Niedernhausen/Ts.
Die Verwertung der Texte und Bilder, auch auszugsweise, ist ohne Zustimmung des Verlags urheberrechtswidrig und strafbar. Dies gilt auch für Vervielfältigungen, Übersetzungen, Mikroverfilmung und für die Verarbeitung mit elektronischen Systemen.

Titelbild: U. Schanz, München
Umschlagrückseite: U. Schanz, München
Fotos: FALKEN Archiv/C. Steimer S. 11, 14, 22, 35–39, 41, 42, 47, 56, 57; Bildarchiv OKAPIA/R. Cavignaux/ BIOS, Franfurt; Michael Mettler S. 19, 25, 29; alle übrigen U. Schanz, München;
Zeichnungen: A, Salisch, Wiesbaden; E. Wagendristel, Berlin (Kinder Spezial)

Die Ratschläge in diesem Buch sind vom Autor und vom Verlag sorgfältig erwogen und geprüft, dennoch kann eine Garantie nicht übernommen werden. Eine Haftung des Autors bzw. des Verlags und seiner Beauftragten für Personen-, Sach- und Vermögensschäden ist ausgeschlossen.

Druck: Appl, Wemding

817 2635 4453 62

Register

Pflegefehler – und die richtige Lösung

Zu hohe Erwartungen

🐾 Nicht jede Ratte ist intelligent, lernwillig und anschmiegsam. Ratten zeigen starke individuelle Unterschiede; wer seine Ratten nur nach dem Aussehen auswählt, kann enttäuscht werden.

🐾 Zwingen Sie kontaktscheuen Ratten keine Streicheleinheiten auf, nötigen Sie begriffsstutzige Tiere nicht zu Kunststückchen. Die Ratten müssen selbst entscheiden dürfen, wann sie dazu aufgelegt sind.

Sie halten eine einzelne Ratte

🐾 Ständige (!) Sozialkontakte sind für Ratten so lebenswichtig wie Nahrung. Ersatz für einen Artgenossen können Sie einer einzeln gehaltenen Ratte kaum sein, auch wenn Sie sie ständig bei sich haben.

🐾 Halten Sie mindestens zwei Ratten.

Der Käfig ist zu klein

🐾 Ihre Ratten müssen normalerweise die meiste Zeit im Käfig verbringen. Eine Stunde Auslauf am Tag ist kein Ausgleich für einen zu kleinen Käfig.

🐾 Wenn Ihnen ein großer Käfig zu teuer ist, bauen Sie am besten selbst einen.

Ihre Ratten sind zu fett

🐾 Die Gründe liegen in falscher Ernährung und/oder zu wenig Bewegung.

🐾 Streichen Sie »Fettbomben« wie Nüsse und Sonnenblumenkerne bis auf Kleinstmengen vom Futterplan und sorgen Sie dafür, dass die Ratten mehr Bewegung (auch im Käfig!) bekommen.

🐾 Hängen Sie Obststücke ganz oben am Käfiggitter auf, damit die Ratten klettern müssen, um an ihr Futter zu gelangen.

Ihre Ratten langweilen sich

🐾 Auch wenn Ihre Ratten zu zweit oder zu mehreren sind und einen großen Käfig haben, können sie sich langweilen. Meistens passiert das, wenn der Käfig nur spärlich eingerichtet ist.

🐾 Statten Sie den Käfig mit reichlich Klettermöglichkeiten, Röhren und Höhlen aus und geben Sie den Tieren immer wieder neue Sachen zum Entdecken, Erforschen und Zernagen: leere Kartons, Grasbüschel, Zweige, Kauspielzeug für Hunde.

🐾 Plastikmaterialien sind zwar leicht zu reinigen, für das Nasentier Ratte aber »steril« und schnell uninteressant. Und: Nichts ist für Ratten interessanter als »ihr Mensch«!

Sie spielen **Rattendoktor**

🐾 Wer wenig Erfahrung mit der Behandlung kranker oder verletzter Tiere hat, stößt bei Nagetieren schnell an Grenzen. Sie zeigen Symptome meistens erst dann, wenn es schon fast zu spät ist. Eigenmächtiges Herumdoktern und vor allem die dafür verbrauchte Zeit verschlimmern die Lage oft noch.

🐾 Suchen Sie mit einer kranken oder verletzten Ratte sofort Ihren Tierarzt auf. In schweren Fällen sollten Sie sich darauf vorbereiten, die Ratte sanft einschläfern zu lassen.

Rattennachwuchs: **keine Abnehmer**

🐾 Seien Sie sich darüber im Klaren, dass die Nachfrage nach Liebhaberratten im Vergleich zu anderen Tierarten geringer ist – und Ratten meistens große Würfe haben. Die meisten Interessenten, die sich auf einen Annonce »Junge Ratten abzugeben« melden, suchen erfahrungsgemäß billige Futtertiere für ihre Schlangen.

🐾 Wer Nachwuchs bei seinen Tieren zulässt, ohne sich vorher um mögliche Interessenten zu kümmern, handelt fahrlässig. Dies ist vor allem dann zu bedenken, wenn Sie eine regelrechte Rattenzucht (z. B. nach Farbschlägen) beginnen wollen.

🐾 Überlegen Sie sich gut, ob Sie Rattennachwuchs zulassen können, und kümmern Sie sich schon vorher um Abnehmer.

Neue Ratte sofort **zur alten setzen**

🐾 Ratten leben in Familienclans und tragen den geruchlichen »Ausweis« ihrer Clanzugehörigkeit. Andersriechende »Fremdlinge« werden bekämpft und aus dem Revier vertrieben. Selbst eine Ratte, die vorher allein leben musste oder soeben ihre(n) Artgenossen verloren hat, empfängt ihre neue Gesellschaft nicht mit Freude, sondern verteidigt zuallererst ihr Revier. Wenn die »Neue« nicht flüchten kann, kommt es zu einer heftigen Beißerei.

🐾 Für die Zusammengewöhnung benötigen Sie vorübergehend einen zweiten Käfig. Stellen Sie die Käfige so auf, dass sich die Ratten sehen und riechen, aber nicht beißen können. Tauschen Sie die Ratten in den Käfigen täglich aus, ohne alle Geruchsspuren zu beseitigen, damit sich ihre Gerüche allmählich aneinander angleichen.

🐾 Die Kontaktaufnahme zwischen den Ratten darf anfangs nur außerhalb des als Revier verteidigten Käfigs stattfinden, also beim Freilauf oder auf Ihrem Schoß. Trennen Sie die Tiere bei drohenden Aggressionen sofort und machen Sie am nächsten Tag einen neuen Versuch. Erst wenn sie entspannt miteinander umgehen, dürfen sie einen gemeinsamen Käfig beziehen.

momox
momox.com/sale
A-nkqtw5

Zahme Ratten –
die etwas anderen Haus...

Ratten können – anders als die meisten ihrer Verwandten ...
zu ihrem Pfleger entwickeln. Richtig gehalten ...
zu einem echten vierbeinigen Freun...

In unserer Reihe HaustierPraxis zeigen wir Ihnen, worauf Sie achten müssen,
damit alles klappt – jeden Tag

Mit Farbleitsystem

- Jedes Kapitel sofort griffbereit

6 Seiten Quick Info

- Die Ratte auf einen Blick
- Darauf müssen Sie sich einstellen
- So gehen Sie richtig mit Ihrer Ratte um

Ausführlicher Praxis-Teil

- So gewöhne ich die Ratte ein
- Artgerechte Haltung und Beschäftigung: Darauf kommt's an
- Wie ernähre ich meine Ratte richtig?
- So bleibt die Ratte gesund
- Pflegefehler – und die richtige Lösung

Kinder Spezial

- Alles, was du über deine Ratte wissen musst

FALKEN HaustierPraxis
... mehr Freude an Ihrem Tier

www.falken.de

ISBN 3-8068-2287-5   DM 14.00

9 783806 822878